오십에 다시 읽는 논어

이이영 편저

가림출판사

공자의 제자가 된 당신께

최근 인문학에 대한 관심과 평생교육에 대한 수요가 늘어나면서 논어에 대한 관심 또한 높아지고 있습니다. 논어와 관련된 많은 종류의 책이 출간되고, 논어를 중심으로 한 인문학 강좌들이 활발하게 진행되고 있습니다. 좋은 일이 아닐 수 없습니다.

그런데 논어에 다가간다는 게 쉽지가 않습니다. 의욕적으로 논어 관련 책을 택했던 분들이 슬그머니 책을 내려놓는 경우가 부지기수였습니다. 논어 구절에 숨어 있는 말이 너무 깊고 심오하기 때문입니다.

논어는 2500년 전부터 읽고 연구되어 다양한 콘텐츠로 변형된 고전입니다. 오랜 시간 동안 논어는 시대와 사람이 처해진 환경에 따라 많은 사람들의 삶의 지표와 지향점이었습니다. 또한 삶을 살아가는 가르침이기 때문입니다.

아직도 논어를 고루한 옛날 이야기나 철지난 담론쯤으로 여기는 사람이 있다면 그 사람은 누구보다 뒤처진 삶을 살고 있다는 증거입니다. 논어에는 과거도 그랬고, 지금도 그렇고, 앞으로도 사람들이 살아가면서 생각하고, 지켜야 할 가장 보편적이고 아름다운 진리들이 보물처럼 가득 차 있기 때문입니다.

논어에는 3천 명에 가까운 제자 한 사람 한 사람에게 공자께서 베푸신 맞춤교육이 살아 있습니다.

논어에는 시대에 굽히지 않고 말과 행동을 똑같이 실천하신 공자의 뜻이 살아 있습니다.

논어에는 공자께서는 가장 빈한한 시절, 홀어머니를 봉양하기 위해 물고기와 새를 잡으러 다니면서도 함부로 그물질을 하거나 잠들어 있는 새에게 화살을 날리지 않은 따뜻한 정신이 살아 있습니다.

논어에는 간절히 성인(聖人)을 보고 싶어하며 스스로 군자로서 갖춰야 할 인(仁)을 실천하기 위해 노력하신 인간 공자의 눈물나는 노력이 담겨 있습니다.

그래서 논어는 아주 쉽고 간단한 말로 이루어져 있지만 결코 쉽게 실천할 수 없는 깊은 진리가 숨어 있는 책입니다.

이 책은 논어를 어렵고 읽기 힘든 책이라고 생각하는 사람들에게 안성맞

춤입니다. 저 역시 논어를 읽을 때 어렵게 생각했던 기억이 있어 최대한 쉽게 접근하려 노력했습니다. 충분히 문맥을 이해하고 공자의 가르침을 받아들일 수 있도록 쉽고 담백하게 접근했습니다. 다양한 예문과 함께 논어라는 문장 안에 숨어 있는 공자의 크고, 깊은 뜻을 쉽고 재미있게 읽을 수 있다면 좋겠습니다.

그래서 이 책을 통해 논어를 자신이 필요한대로 학교에서, 가정에서, 회사에서 제대로 활용해 지금보다 더 나은 삶을 추구하는데 도움을 받았으면 좋겠습니다.

이 책을 읽는 분들은 인류의 가장 큰 스승인 공자의 제자로 살게 되었다는 자부심을 갖기 바랍니다.

차례

제3장 바르게 사는 길
사람 사는 세상을 꿈꾸며

제4장 함께 가는 길
함께 가니 즐겁지 아니한가?

제5장 배움의 길
앎의 즐거움

제6장 스승의 길
가르치며 깊어가는 지혜

제7장 성인의 길
공자를 사랑한 사람들

제8장 채움의 길
삶의 터를 키워 나가다

제12장 예와 덕의 길
서로 예의를 갖추며

제13장 인으로 가는 길
따뜻한 마음을 잃지 않으며

論語

제1장 [마음의 길]

마음 길어 올리기

남이 나를 알아주지 않아도

人不知而不溫 不亦君子乎
인부지이불온(이면) 불역군자호(아)
학이(學而)

얼마 전에 인터넷을 통해 충격적인 소식이 전해졌다. 우리나라는 물론 아시아 전역에서 유명한 아이돌 가수가 자신들을 광적으로 쫓아다니는 '사생팬'에게 폭력과 욕설을 행사했다는 것이다. 처음에는 아이돌 가수들에게 질타가 쏟아졌지만 곧이어 사생팬들의 엽기적인 모습이 드러나면서 아이돌에 대한 동정론이 일었다.

그렇다면 그 사생팬은 왜 그런 행동을 했을까? 어떤 식으로라도 누군가에게 인정과 사랑을 받고 싶었던 것은 아닐까? 주변 사람들에게 그다지 인정받지 못하는 삶을 살면서 누구나 알아주는 유명 연예인을 통해 자신의 존재감을 드러내고 자랑하고 싶은 마음이 이런 일탈을 벌였을 것이라는 생각이 들었다.

공자께서는 다른 사람들에게 인정받지 못해 속앓이를 하는 현대인들의 가슴아픈 속내를 이미 2500년 전에 절절히 이해하고 계신 듯하다. 남이 나를 알아주지 않아도 화를 내지 않는 것이 군자의 참모습이라는 말씀을 하셨기 때문이다. 실제로 생각해보면 우리가 겪은 수많은 전쟁과 갈등, 모함과 원망이 나를 알아주지 않는다는 원망에서 비롯된 것은 아닐까?

인부지이불온(人不知而不溫)에서 '인부지(人不知)'는 남이 나를 알아주지 않아도'라는 뜻이다. 또한 불온(不溫)에서 '온(溫)은 성냄이나 노여움'을 나타낸다.

제1장 [마음의 길] 마음 길어 올리기

삶의 기본에 충실한 일

君子務本 本立而道生
군자(는)무본(이니) 본립이도생(하니라)
학이(學而)

어린 아이들을 흔히 살아 있는 천사라고 부르곤 한다. 몸만 아프지 않으면 열이면 열, 백이면 백 예쁜 짓만 하기 때문이다. 물론 그 안에서 저희들끼리 치고받고 나름 스트레스도 받으며 사회생활을 하는 것은 맞지만 엄마나 아빠, 유치원 선생님의 말씀은 꼭 지키고 실천해야 할 지상과제로 생각한다. 하지만 엄마, 아빠, 유치원 선생님의 말씀이라고 해서 별달리 특별한 게 없다. 아침에 일찍 일어나고, 부모님 말씀 잘 들으며, 아프지 않고 공부 열심히 하는 것이다. 우리에게 필요한 모든 것은 유치원에서 배웠다는 말이 꼭 들어맞는다.

공자께서도 이렇게 말씀하셨다. 군자(君子)는 무본(務本)이니, 즉 군자는 근본에 힘써야 한다. '근본이란 무엇인가? 마음과 행실을 바르게 하는 것'이다. 천하를 근심하고, 정치에 참여해 입신하는 것만이 근본에 힘쓰는 것이 아니라는 말이다. 이렇게 군자가 근본에 힘을 쓰면 본립이도생(本立而道生)하니라, 곧 도가 바르게 서게 된다.

내가 마음을 닦고 근본을 지키기 위한 노력을 해야 이런 기운이 동심원처럼 퍼져 나가 하늘이 내려주시는 도(道) 역시 제대로 설 수 있게 된다는 것이다.

삶의 기본은 지금 나라를 살리겠다고 핏대를 올리는 저 사람들이 아니라 바로 나로부터 시작된다는 말씀이기도 하다.

약속에는 신의가 있어야

信近於義 言可復也
신근어의(면) 언가복야(이니라)
학이(學而)

미국의 브라운대학에서 사람들이 하루에 몇 번이나 거짓말을 하는지 조사한 일이 있었다. 남녀노소 무작위로 선출된 사람들의 몸에 초소형 마이크를 부착해 조사한 결과 하루에 적어도 10~20번 정도 거짓말을 하는 것으로 드러났다. 이 말을 다르게 생각하면 눈을 뜨고 있는 동안에는 수십 차례 거짓말을 하는 것과 다름없다는 의미이다. 사소하고 의례적인 거짓말까지 합해서 한 시간에 한 번씩은 거짓말을 하고 있다는 사실이 증명됐기 때문이다.

그나마 다행인 것은 대부분의 사람들이 특별하게 나쁜 마음으로 거짓말을 하는 것은 아니라는 사실이다. 그저 함께 있는 자리를 부드럽게 하거나, 거짓말을 하고 있는 자신이 약간 돋보이기를 바라는 마음에서 하는 것으로 조사됐다.

'신근어의(信近於義)면 언가복야(言可復也)이니라'에서 신(信)은 약속이라는 의미이다. 약속이란 나와 상대방이 맺는 것이며 신이라는 글자에서 보는 것처럼 말을 매개로 하는 것이다. 따라서 약속은 나와 상대방의 믿음과 의(義)를 바탕으로 이루어져야 하며 이 같은 믿음과 의가 반복돼야만 실천할 수 있는 것이다.

가벼운 기분전환과 즐거움을 위해서라지만 수없는 거짓말이 범람하고 있다. 약속이 거짓에 의해 깨진다면 사람과의 관계가 어그러질 수 있음을 상기하고 도의에 가깝도록 해야 함이 옳다.

배부름과 편안함을 생각하지 않는다

子曰 君子 食無求飽 居無求安
자왈 군자(이) 식무구포(하며) 거무구안(이니라)
학이(學而)

우리나라에서 명문가로 손꼽히는 집안 중에 재령 이씨가 있다. 재령 이씨 집안은 해마다 200가마의 도토리를 수확해서 창고에 쌓아두었다고 한다. 그리고 보릿고개가 오면 도토리죽을 쑤어 인근 백리 안에 있는 사람들과 함께 나누어 먹었다. 이 같은 선행 덕분인지 재령 이씨 사람들은 해방과 한국전쟁 사이의 혼란에서도 다치거나 죽지 않고 우리나라 각계 각층에서 대접을 받으며 살았다.

'군자(君子)는 식무구포(食無求飽)하며 거무구안(居無求安)이니라'는 '군자는 배불러 먹는 것에 집착하지 않고 따뜻한 잠자리를 구하지 않는다'는 말이다.

공자께서도 꼭 군자라고 해서 일부러 거친 밥을 먹고, 거친 잠자리를 고집해야 된다고 말씀하시지는 않았다. 다만 일부러 기름진 음식을 찾거나 비단 잠자리를 찾지 말고 형편이 되는대로 의식주를 해결하라고 당부하셨다. 내가 기름진 음식이나 좋은 잠자리를 너무 많이 차지하면 주위에 반드시 굶주림과 추위에 시달리는 사람이 생기기 때문이다.

수많은 백성들이 헐벗고 굶주리는데 덕행을 닦았다는 군자가 지나치게 호의호식하는 것은 문제가 있다고 본 것이다.

현재에 이르러 비리와 악행에 연루된 채 자기 배만 부르면 된다고 생각하는 사람들이 꼭 새겨야 할 대목이다.

그릇의 용도를 한정하지 마라

子曰 君子不器
자왈 군자(는)불기 (니라)
위정(爲政)

군자불기(君子不器)는 아주 간단한 말이지만 헤아릴 수 없을 정도의 큰 의미가 담겨 있다.

군자불기에서 군자(君子)는 도덕적으로 완성된 인격자를 뜻한다. 군자는 유교에서 말하는 성인(聖人)처럼 타고난 사람은 아니지만 누구나 노력에 의해 도달할 수 있는 인물이라고 본 것이다.

이 구절을 해석하면 군자는 그릇이 아니라는 말이다. 군자는 학문과 수행을 통해 끊임없이 자신의 그릇을 만들어가는 사람인데 왜 그릇이 아니라고 한 것일까? 공자께서는 자신의 제자인 자공(子貢)이 '군자란 무엇이냐'는 질문을 하자 '군자는 스스로 그릇을 설정하지 않는 사람'이라고 했다. 즉 스스로 종류나 쓰임새를 설정해서 자신의 용도를 한정시키지 않는 사람이라는 뜻이다.

그릇은 대부분 용도와 크기가 정해져 있다. 그런데 스스로의 용도를 정해서 거기에 맞는 공부와 수행만을 고집한다면 결국 그 그릇에 한정된 사람이 된다. 그러나 기계공학을 공부하면서 문학·미술에 대해서도 끊임없이 공부한다면 좀 더 미려하고 쓰임새가 좋은 도구들을 만들어낼 수 있을 것이다. 즉 스스로의 그릇을 한정하지 말고 끊임없이 그릇을 키우는 연습을 해야 한다는 것이다.

지금 우리 시대가 원하는 큰 그릇을 가진 인재를 상기해볼 때 공자의 말씀이 더 다가온다.

말보다 몸을 먼저 움직이는 사람

先行其言 而後從之
선행기언(이오) 이후종지(니라)
위정(爲政)

공자의 제자인 자공(子貢)이 공자에게 궁금한 점을 질문했다. '선생님 군자란 무엇입니까?' 자공을 물끄러미 바라보던 공자께서 '선행기언(先行其言) 이후종지(而後從之)'라고 대답하셨다.

이 말을 풀이하면 군자는 말보다 실천이 먼저인 사람이라는 말이다. 그런데 공자의 대답 속에는 '자공아 너는 다 좋은데, 행동보다 말이 많은 게 문제인 것 같다. 그러니까 앞으로는 말보다 먼저 실천하고 행동하는데 힘쓰거라'는 속뜻이 담겨 있다.

자공은 공자의 삼천 제자 중에서 열 손가락 안에 꼽히는 애제자이며 회계와 무역에도 탁월한 능력을 발휘해 공자학단의 재정을 담당하고 있었다. 이뿐 아니라, 탁월한 언변과 능란한 처세술로 대외적인 교섭과 공자학단의 대변인 노릇까지 담당하고 있었다. 그런데 논어를 보면 자공은 궁금한 것을 잘참지 못하고, 말에 대한 자신감과 함께 말을 즐긴다는 사실을 알 수 있다. 그래서 공자께서는 맞춤교육의 정신으로 자공에게 군자는 말보다 실천이 먼저라고 타일러주신 것이다.

공자는 누구에게나 말보다 행동이 먼저라는 자신의 소신을 일관되게 교육시키셨다. 실천이 없는 빈껍데기뿐인 말을 가장 경계하고 싫어하셨다.

경쟁은 하되 다투지 않는다

子曰 君子無所爭 必也射乎 揖讓而升 下而飮 其爭也君子
자왈 군자(이)무소쟁(이니) 필야사호(인저) 읍양이승(하야) 하이음(하나니) 기쟁야(이)군자(니라)

팔일(八佾)

얼마 전 인터넷에 재미있는 기사가 등장했다. 한국인이 행복하지 않은 이유가 바로 10대부터 70대까지 공부에 매달려야 하기 때문이라는 것이다. 우리말을 익히기 전부터 영어 공부를 시작해 평생을 공부에 대한 압박에 시달리고 있다. 더구나 우리나라는 공부는 경쟁이라는 인식이 강하기에 공부를 하면서도 늘 남과 경쟁하고 다투는 상황을 생각해야 한다.

공자께서 사시던 노나라의 군자들 역시 지금 우리가 생각하는 것보다 배워야 할 것들이 많았다. 단순하게 글만 익히는 것이 아니라 육예(六藝)라고 해서 예악사어서수(禮樂射御書數)를 꼭 익혀야만 했다. 모두 쉽지 않은 과목이고 재능도 필요한 일이다. 따라서 경쟁을 넘어 다툼이 잦을 수밖에 없었다.

'자왈(子曰) 군자무소쟁(君子無所爭)이니 필야사호(必也射乎)인저 읍양이승(揖讓而升)하여 하이음(下而飮)하니 기쟁야군자(其爭也君子)라'는 노나라 당시뿐 아니라 지금 이 시대에도 꼭 필요한 말이다. '군자는 다투지 않는다. 불가피한 경쟁은 활쏘기뿐이며 그때에도 서로 절하고 사양하며 화살을 쏘는 곳에 오른다. 시합이 끝나면 내려와 술을 마신다. 그 다툼도 군자다운 다툼이니라'라는 의미를 담고 있다.

삭막할 정도로 경쟁이 심한 시대, 공자의 말씀처럼 경쟁을 하되 다투지 않는 마음자세가 필요하다.

공자를 목탁으로 삼으신 하늘님

天下之無道也 久矣 天將以夫子 爲木鐸
천하지무도야(이) 구의(라) 천장이부자(로) 위목탁(이시리라)

팔일(八佾)

공자께서는 명성에 비해 안타깝고 불운한 장년시절을 보냈다. 한때 나라의 법을 다스리는 사구와 재상에 임명되었으나 제나라를 비롯한 주위의 견제로 인해 13년이 넘는 세월을 국외로 떠돌아야 했다. 이 시기에 공자는 죽을 고비를 넘겨야 했고, 매일 끼닛거리와 잠자리를 걱정해야만 했다. 지금으로 말하면 30대에 법무부장관을 지냈고 40대 후반에 주역에 통달했으며, 수많은 제자의 존경을 한몸에 받았으나 50대 중반부터 60대 후반까지의 13년이 넘는 떠돌이 생활은 공자께서도 너무나 고달프고 서러웠을 것이다.

위 구절은 위나라에 있던 의(儀)라는 성읍에서 봉인(封人)이라는 직책을 맡았던 국경지대의 관리가 공자에게 한 말이다.

천하지무도야구의(天下之無道也久矣)라 천장이부자(天將以夫子)로 위목탁(爲木鐸)이시리라. '천하에 도라는 것이 없어진 지 오래되었으므로 하늘은 공자님을 목탁으로 사용할 것입니다' 라는 의미를 담고 있다.

이미 천하를 다스리는 도리가 사라졌으므로 천하만물을 주관하는 하늘이 공자를 모든 사람들에게 도를 깨우쳐 줄 목탁으로 삼으려 하고 있다. 그러니 지금 원하는 벼슬을 하지 못한 채 세상을 떠돌아다니는 것을 슬퍼하지 마라. 하늘은 그대들의 스승인 공자를 목탁으로 사용할 것이라는 말이다.

어려움을 겪고 있던 공자에게 목탁과 같은 가르침을 주었으니 어쩌면 위나라의 봉인이라는 관리가 숨어 있는 또 다른 은자(隱者)였을지도 모르겠다.

모든 것의 기본이 되는 인

君子去仁 惡乎成名
군자거인(이면) 오호성명(이라)
이인(里仁)

조선시대 사육신 중 한 사람인 이개(李塏)는 총명했지만 체구가 작고 몸이 허약해 자신이 입은 관복의 무게조차 감당하지 못했다고 한다. 그러나 세조의 모진 고문에도 끝내 단종에 대한 자신의 마음을 굽히지 않았다. 허약한 몸으로 고문을 견디면서도 '인두가 식었으니 더 달궈야겠다' 는 말을 해 세조쪽 사람들을 기겁하게 만들었다.

또 다른 사육신 중 한 명인 박팽년 역시 마찬가지이다. 박팽년은 모진 고문을 받으면서도 세조에게 말끝마다 '나리' 라고 하였다. 화가 난 세조가 '너는 충청관찰사로 일하면서 신하라는 말을 쓰더니 이제 와서 나리라는 말을 쓰느냐'며 화를 냈다. 그러자 박팽년은 웃으며 '나리에게 올린 장계에 한 번도 신(臣)이라는 말을 쓴 적이 없다'고 답하였다. 장계를 확인해 보니 박팽년이 올린 장계에는 신이라는 말 대신 거(巨)라는 말이 적혀져 있었다. 이개와 박팽년이 추구한 인(仁)이 나라에 미쳐 충(忠)으로 발전한 것이다.

군자거인(君子去仁) 오호성명(惡乎成名)은 '군자가 인을 떠나면 어찌 군자라 하겠느냐'는 말이다. 공자께서는 인이라는 말을 구체적으로 명시한 적은 없다. 인의 핵심은 사랑이며 사랑이 부모에게 미치면 효(孝), 형제에게 미치면 우(友), 나라에 미치면 충이 된다. 군자는 어떤 식으로든 인을 떠나서 살 수 없고 모든 것의 기본이 된다는 점을 강조하는 말이다.

넘어지는 순간에도

君子 無終食之間違仁 造次必於是 顚沛必於是
군자(이) 무종식지간(을)위인(이니) 조차(에) 필어시(하며) 전패(에) 필어시(니라)

이인(里仁)

외국 사람들이 우리나라에 와서 가장 놀라는 일 중 하나가 바로 식사를 빨리 하는 것이라고 한다. 적어도 1~2시간 이상의 식사를 즐기는 외국인에 비해 우리나라 사람들은 10~15분 정도의 시간이면 충분하기 때문이다. 더운 국이나 찌개에 밥을 말아 후루룩 마시듯이 먹으면 불과 5분 안에도 식사를 끝낼 수 있다.

위의 구절은 공자께서 한 끼 식사를 할 수 있는 짧은 시간에도 군자는 인(仁)을 어기지 말아야 한다고 강조하신 말씀이다. 종식지간(終食之間)은 한 끼 식사를 마칠 정도로 아주 짧은 시간을 이야기한다. 한 끼 식사를 마칠 정도의 짧은 시간에도 인을 지켜야 한다고 말씀하셨으니 군자가 얼마나 스스로에게 엄격하고 냉정한지 읽혀지는 대목이다.

비록 평범한 사람들이 지키기 어려운 가르침이기는 하지만 일 초가 모여 일 분이 되고 일 분이 모여 십 분이 된다는 사실을 상기한다면 짧은 시간일지라도 좋은 사람이 되기 위해 노력한 것이 평생을 이룰 수 있음을 알려주는 말이다.

공자가 말씀하신 것처럼 순간순간 인의 가르침을 좇지는 않는다 해도 다른 사람의 아픔이나 슬픔은 안중에도 없이 오직 부와 명예만을 좇는다면 산다는 게 너무 허망하지 않을까?

아침에 도를 알면 저녁에 죽어도 좋다

子曰 朝聞道 夕死可矣
자왈 조문도(면) 석사(라도)가의(니라)
이인(里仁)

자왈(子曰) 조문도(朝聞道)면 석사가의(夕死可矣)니라는 공자의 말씀 중 널리 회자되는 말이다. 조(朝)는 글자 그대로 아침을 말한다. 문(聞)은 말을 듣거나 배워서 알며 바르게 사는 것을, 도(道)란 인(仁)이 행해지는 올바른 세상을 뜻한다. 의(矣)는 문장의 끝에 쓰여서 단정의 의미를 나타내고 있다. 말을 풀이하는 것은 쉽다. 아침에 도를 알면 저녁에 죽어도 좋다는 말이다. 그러나 그 뜻을 헤아리다 보면 깊은 뜻에 무릎이 쳐진다.

많은 이들이 도를 다양한 의미로 풀이하고 있다. 하늘의 이치를 이야기하는 사람도 있고, 인류의 커다란 행적과 할 도리를 말하는 사람도 있다. 또 사람 사는 길이라고 하는 사람도 있다. 모두 맞는 말이다.

공자께서는 도란 사람이 살아가면서 늘 접하는 사물의 당연한 이치요, 흐름이라고 하셨다. 즉 덕(德)을 드러내고 인을 실천하는 모습이라는 것이다.

결국 이 구절은 덕과 인이 행해지는 올바르고 어진 세상을 아침에 볼 수 있다면 저녁에 죽어도 여한이 없다는 공자의 간절한 의미가 담겨져 있다. 올바른 세상을 향한 공자의 바람과 노력이 얼마나 간절했는지가 느껴지는 대목이다.

가난이 죄는 아니다

士志於道 而恥惡衣惡食者 未足與議也
사(이)지어도 이치악의악식자(는) 미족여의야(이니라)
이인(里仁)

세상에는 숨길 수 없는 것이 있다. 기침과 사랑, 그리고 가난이다. 가난은 예기치 못한 곳에서 툭툭 튀어나와 가슴을 쓰리게 만든다. 요즘처럼 행복의 척도가 부(富)에 달려 있는 상황에서 가난은 중죄를 짓는 것과 비슷한 형벌을 받곤 한다. 돈이 없다는 이유로 아이들 사교육을 못 시키는 부모, 아프신 부모님을 병원에 모시지 못하는 자식이 되기 때문이다. 이런 까닭에 사람들은 가난에 대해 미움과 증오를 갖게 된다.

공자가 살던 시절에도 가난 때문에 불편을 겪는 경우가 많았던 듯싶다. 사(士)이 지어도(志於道) 이치악의악식자(而恥惡衣惡食者)는 미족여의야(未足與議也)이니라는 도(道)에 뜻을 둔 선비라면 덕행을 쌓고 학문을 수행하는데 뜻을 두었기 때문에 가난을 부끄러워하지 말라는 의미가 담겨 있다.

그러나 이 말을 요즘 식으로 받아들이면 가난에 대해 부끄러워하지 말아야 하는 이들은 선비뿐만이 아닐 것 같다. 가난은 부족한 것이지 부끄러운 것이 아니기 때문이다.

가난이 가져오는 불편함은 받아들여야겠지만, 가난하다는 이유로 스스로의 삶을 비관한다면 우리 사는 세상이 너무 각박해지지 않을까? 부(富)는 있으면 득이 되지만, 없다고 죄가 되는 것이 아닌 까닭이다.

내 뜻만을 우선하지 말아야

君子之於天下也 無適也 無莫也 義之與比
군자지어천하야(에) 무적야(하며) 무막야(하며) 의지여비(니라)
이인(里仁)

해결이 필요한 사안을 접했을 때, 사람들이 내놓는 해결책은 여러 갈래로 나뉜다. 백 사람이 있으면 백 사람이 각각의 의견을 내놓는 게 다반사라는 말이다. 그렇기에 한 방향으로 일을 추진하려면 꽤 많은 잡음이 일어나게 마련이다.

그런데 이때 간과하면 안 될 것이 의(義)이다. 그 일을 추진하려는 뜻이 옳은 것이냐, 그렇지 않은 것이냐에 따라 자신의 의견을 고집하지 않고 서로의 의견을 주고받으며 원활하게 추진할 수 있기 때문이다.

군자지어천하야(君子之於天下也)에 무적야(無適也)하며 무막야(無莫也)하며 의지여비(義之與比)니라를 뜻대로 풀이하면 천하의 것들은 반드시 해야 할 것도 없고, 반드시 하지 말아야 할 것도 없다. 다만 의로움만을 더불어 할 뿐이다로 정리할 수 있다.

그러나 이 말을 의역하면 군자는 천하의 일을 처리할 때 어느 한 가지만 옳다고 고집해서도 안 되고, 또 안 된다고 부정을 해서도 안 된다. 만사를 의에 맞게 처리해야 한다고 풀이할 수 있다.

자신과 다른 뜻을 가진 사람과 함께 일을 할 때 자신의 의견만을 고집하지 않고 모든 것은 의를 기초로 생각해야 한다는 의미일 것이다. 소통이 안 되는 불통의 시대, 의의 의미를 다시 한번 생각해보게 하는 말이다.

다른 사람을 원망하지 마라

不患無位 患所以立 不患莫己知 求爲可知也
불환무위(오) 환소이립(하며) 불환막기지(오) 구위가지야(이니라)

이인(里仁)

사는 게 각박해져서일까? 갈수록 원망하는 소리가 늘어나고 있다. 부모로부터 교육의 혜택을 못 받아서, 집안에서 사업자금을 대주지 않아서, 능력을 알아주지 않는 직장상사 때문에 등 누구 탓을 하는 소리가 차고 넘치게 들린다.

불환무위(不患無位)오 환소이립(患所以立)하며 불환막기지(不患莫己知)오 구위가지야(求爲可知也)이니라는 남을 탓하는 사람들에게 들려주면 제격인 말이다. 세상에 내 벼슬자리가 없음을 걱정하지 말고, 내가 그 벼슬을 맡을 수 있는 바탕부터 만들어라. 사람들이 나를 몰라준다고 서운해하지 말고 사람들이 기억할만한 일을 먼저 하라는 의미를 담고 있다.

전체적으로 풀이하면 남을 탓하기 전에 스스로를 돌아보고 자신의 능력을 기르라는 의미이다. 냉정한 말이지만, 원인 없는 결과가 없다고 하였다. 다른 사람 때문에 자신의 발전이 늦을 수는 있지만, 그 결과 역시 스스로가 이뤄야 하는 것이다. 다른 사람을 원망하기 전에 내가 부족했던 점은 없는지, 원하는 바를 달성하기 위해 내가 채워 넣어야 할 점은 무엇인지를 생각해야 한다.

다른 사람을 원망하는 건 쉽지만, 다른 사람이 결과까지 책임져주지 않기에 원망은 저 깊은 곳으로 보내고 부족한 점을 준비하라고 말씀하고 있다.

소인은 혜택만을 바란다

君子懷德 小人懷土 君子懷刑 小人懷惠
군자(는)회덕(하고) 소인(은)회토(하며) 군자(는)회형(하며) 소인(은)회혜(니라)

이인(里仁)

군자회덕(君子懷德)하고 소인회토(小人懷土)하며 군자회형(君子懷刑)하며 소인회혜(小人懷惠)니라는 일견 부끄러운 말이다. 군자는 덕을 생각하고, 소인은 땅을 생각한다. 군자는 법을 생각하고 소인은 혜택만을 바란다는 말이니, 이 구절에 드러난 소인의 모습이 나의 이익만을 좇는 요즘의 세태와 딱 들어 맞는다.

집 주변에 화장터나 쓰레기처리장이 들어올 경우 집값이 떨어질 것을 우려해 극도로 반대하는 것이 이에 딱 맞는 모습 중 하나이다. 공공의 편의를 위해서라면 어딘가에 화장터나 쓰레기처리장 등의 시설이 있어야겠지만, 그것이 내가 사는 곳과는 떨어져 있었으면 하는 마음이기 때문이다.

이런 마음은 사람이라면 어쩔 수 없이 갖는 게 인지상정일 것이다. 그러나 그런 이기주의 속에 산다면 우리가 사는 세상은 굴절된 모습으로 일그러질 것이다. 조금 손해를 보더라도 덕을 쌓는다는 마음으로 양보하면 그런 마음들이 큰 세상을 만드는 날이 오지 않을까? 군자가 되는 길은 멀고 험난하지만, 소인으로만 머물기에는 우리 사는 세상이 너무 안타깝다.

'의'와 '이' 심오한 차이

君子喩於義 小人喩於利
군자(는)유어의(하고) 소인(은)유어리(니라)
이인(里仁)

일제시대 독립운동가였던 월남 이상재 선생이 조선미술협회 창립식에 초청을 받았다. 그런데 그곳에 가보니 나라를 팔아넘기는데 혁혁한 공을 세운 이완용과 송병준 등이 있었다. 그냥 넘어갈 이상재 선생이 아니었다. 선생은 이완용과 송병준에게 '대감들께서도 동경으로 이사를 가시면 어떨까요?' 라며 인사를 건넸다. 이완용과 송병준이 어리둥절해하자 이상재 선생이 회심의 일격을 가했다. '대감들은 나라를 망하게 하는 천재이니 동경으로 이사를 가시면 일본도 망하게 될 것이고 그 덕분에 조선은 독립을 얻지 않겠소?'

위의 예는 공자께서 말씀하신 군자(君子)는 유어의(喩於義)하고 소인(小人)은 유어리(喩於利)나라에 딱 들어맞는 말이다. 군자는 의(義)를 밝히고, 소인은 이(利)를 밝힌다는 말이니 자신의 이익을 위해 나라를 팔아넘긴 이완용과 송병준에게 적합한 말이 아니겠는가?

공자께서는 의와 이라는 말에 관해 엄격하게 구별을 하고 있다. 의를 기준으로 살아가는 사람을 군자라 했으며, 이만 좇는 사람을 소인이라 했다. 이 구별은 지금의 시대에도 딱 들어맞는 예이다. 의롭고 옳은 일을 행하는 사람은 사회의 어른으로 대접받고 있고, 스스로의 사리사욕을 채우는 이는 그냥 사람으로 머물고 있다.

의와 이, 한글로는 한 자 차이지만 그 의미에는 매우 심오한 차이가 있다.

덕에는 반드시 이웃이 따라온다

德不孤 必有隣
덕불고(라) 필유린(이니라)
이인(里仁)

인천시 동구 화수동에 '민들레국수집'이라는 작은 국수집이 있다. 이름과 달리 이곳에서는 국수를 팔지 않는다. 정성스럽게 차린 밥을 내놓는다. 이곳의 사장이자 종업원인 서영남 씨는 우리 가게를 찾는 VIP들이 밥이 지겹다고 하면 그때는 국수를 내놓을 것이라고 말한다.

그렇다면 그곳을 찾는 VIP들은 누구일까? 그곳을 찾는 이들은 노숙자, 독거노인, 쪽방사람들이다. 세상에서 가장 대접을 못 받는 이들에게 이곳에서만큼은 귀한 대접을 해주고 싶어 서영남 씨는 VIP라는 호칭을 붙여 극진하게 대접하고 있다.

노숙자와 독거노인, 쪽방사람들을 위한 식당을 만든 게 수년 전, 그때 서영남 씨의 주머니에는 300만 원밖에 없었다. 그로부터 수년이 지난 지금까지 서영남 씨는 단 한 번도 '내일 VIP에게 대접할 음식이 부족하면 어떡하나'라는 걱정을 해본 적이 없다고 한다. 십시일반으로 도와주는 후원인과 각계 각층에서 보내주는 음식물이 민들레국수집을 찾아오기 때문이다.

덕불고(德不孤)라 필유린(必有隣)이라는 민들레국수집에 딱 들어맞는 말이다. 덕은 외롭지 않다. 반드시 이웃이 있다는 의미를 담고 있기 때문이다.

서영남 씨의 귀한 뜻에 후원금과 음식물로 뜻을 함께 하는 귀한 이웃이 함께 하지 않는가.

우리 시대의 군자

君子哉若人 魯無君子者 斯焉取斯
군자재약인(이여) 노무군자자(면) 사언취사(이리오)
공야장(公冶長)

군자재약인(君子哉若人)이여 노무군자자(魯無君子者)면 사언취사(斯焉取斯)이리오는 13년간 오랜 유랑생활을 마치고 돌아온 공자가 공자의 문인 가운데 한 명인 자천(子賤)을 칭찬한 말이다. 구절을 풀이하면 이 같은 사람이 군자이다. 만약 노나라에 군자가 없었다면 자천이 어떻게 학문과 덕행을 수행했겠느냐는 말로 풀이할 수 있다.

그런데 이 말을 엄밀히 따져보면 자천에 대한 칭찬이라기보다는 자천을 올바르게 키워낸 자신의 제자들을 칭찬하는 말이다. 자천이 젊고 유능한 판관으로 백성을 깔보거나 하찮게 여기지 않는 군자로 자라났는데, 그 바탕에는 자천이 어진 군자로 덕을 쌓도록 가르친 공자가 13년간 이곳저곳을 떠도는 유랑생활을 할 동안 공자의 제자로서 올바르게 학문을 수행하며 많은 문인을 길러낸 제자를 어떤 식으로든 칭찬하고 싶은 게 스승의 마음 아니겠는가.

하지만 공자의 숨은 뜻이 있다고 할지라도 백성을 귀하게 여긴 군자의 모습은 꼭 한 번 만나보고 싶다.

군자의 네 가지 도

子謂子産 有君子之道四焉
자(이) 위자산(하시대) 유군자지(이) 도사언(이니)
其行己也恭 其事上也敬 其養民也惠 基使民也義
기행기야(이) 공(하며) 기사상야(이) 경(하며) 기양민야(이) 혜(하며) 기사민야(이) 의(니라)
공야장(公冶長)

　유엔 사무총장을 역임하며 세계에 대한민국의 국격을 높이고 있는 반기문 사무총장. 오늘의 반기문 사무총장을 만든 힘은 무엇이었을까? 반기문 사무총장은 자신의 오늘이 있기까지는 어머니인 신현순 여사의 덕분이었다고 말한다. 신현순 여사는 반기문 사무총장이 어릴적에 '물에 돌팔매질하지 말거라', '나뭇잎을 함부로 따지 말거라', '길에 떨어진 물건이라도 함부로 주워오지 말거라', 나중에 저승가면 그대로 되돌려 받느니라' 라는 말씀을 하셨다고 한다. 물에 돌팔매질을 하면 물고기가 놀랄 것이고, 나뭇잎을 함부로 따면 나무가 괴로워할 것이고, 길에 떨어진 물건을 주워오면 잃어버린 사람이 마음 아파할 것이라는 의미였다고 한다.

　어찌보면 이 말은 공자가 군자의 네 가지 도로 든 기행기야(己行己也) 몸가짐을 공손히 하고, 사상야경(事上也敬) 윗사람에게 공손히 하며, 양민야혜(養民也惠) 백성을 자애롭게 대하며, 사민야의(使民也義) 백성을 보양하는데 도리에 어긋나지 않게라는 덕목보다 더 어려운 말이요, 기본이 되는 말이다.

　군자의 길은 어렵다고 한다. 그러나 많은 부모들이 공부에 중점을 두고, 공부만 하라고 하는 것과 달리 어릴 때부터 군자의 도를 배운 반기문 사무총장이 세계로부터 칭송받는 사람이 되었다는 점은 군자의 길이 세상을 올곧게 사는 방법임을 가르쳐주고 있다.

마음의 길, 마음 길어 올리기

제2장 [사람의 길]

오늘을 산다는 것

윗사람을 대하는 법

其爲人也孝弟 而好犯上者 鮮矣
기위인야효제(요) 이호범상자(이) 선의(니라)

학이(學而)

　최근 개인주의가 팽배해지고, 낯모르는 사람과 살아야 하는 익명(匿名)의 공간과 시간이 늘어나면서 윗사람과 아랫사람의 불편한 관계가 심심찮게 표출되고 있다. 지하철에서 윗사람과 아랫사람의 충돌이 대표적인 예다. 윗사람과 아랫사람이 가장 예의바르게 대해야 할 가정과 학교에서도 빈번한 충돌은 이어지고 있다. 자녀가 부모님에게 대들고, 제자가 선생님에게 주먹을 휘두르며, 동생이 형에게 대드는 일 또한 일상이 되었다.

　하지만 부모님에게 대들고, 선생님에게 무례한 짓을 일삼으며, 자신의 형에게 덤비며 어깨를 으쓱거리는 아랫사람들도 언젠가는 형이 되고, 부모가 되고, 선생이 되며, 상사가 될 것이라는 사실을 명심해야만 한다.

　기위인야효제(其爲人也孝弟) 이호범상자(而好犯上者) 선의(鮮矣)는 공자의 제자인 유자에게 이런 상황을 두고 한 가르침이다. 집안에서 부모를 잘 섬기며〔孝〕, 형을 제대로 공경〔弟〕하는 사람은 어느 곳에서나 윗사람의 자리를 침범〔犯上〕하는 일이 적다〔鮮〕는 것이다.

　윗사람을 공경하는 사람은 주위 어른들이나 선배들과 사소한 일로 다툼을 벌이거나 시끄러운 소란을 만들지 않는다고 말하고 있다. 그리고 효와 인과 같은 인간의 기본적인 도리에 관심을 기울일 것을 종용하고 있다.

그 중에 으뜸은 효

孝弟也者 其爲仁之本與
효제야자(는) 기위인지본여(인저)
학이(學而)

사람은 마땅히 해야 할 구실이 있다. 아빠 구실, 엄마 구실, 자녀 구실이 모두 여기에 속한다. 어렵게 생각하면 한없이 어렵지만 쉽게 생각하면 아빠는 가족을 위해 돈을 벌어오고, 엄마는 가족들이 편하게 쉴 수 있는 공간을 만들어주면 되는 것이다. 자녀들은 부모에게 순종하고, 예의를 갖추면 세상은 시끄러울 일이 없다. 하지만 세상이 바뀌면서 사람의 역할이 달라지고 있다. 아빠는 맞벌이하는 아내를 위해 집안일을 마다하지 않고 있으며, 엄마 또한 피곤한 아빠를 대신해 아빠가 할 일을 하는 것이 요즘 세상에 맞는 도리이다.

그러나 세상이 아무리 바뀌어도 변해서는 안 될 가치가 있다. 공자께서 강조하신 것처럼 군자에게는 마음을 써야 할 근본(根本)이 있으며, 이 근본이 바로 서야만 사람 사는 도(道)가 생길 수 있는 까닭이다. 따라서 자녀들은 세상을 살아가는데 가장 근본이 되는 부모에 대한 효를 잊지 말고 가족에 대한 존경하는 마음을 잊어서는 안 된다.

효제야자(孝弟也者)는 기위인지본여(其爲仁之本與)인저는 사람이 살아가며 지켜야 할 근본을 강조한 말이다. 인(仁)을 실천하는 가장 근본이 바로 효제(孝悌)이며 부모를 섬기고, 형을 공경하는 자세인 '근본' 과 '도리'를 깨우쳐주는 말이기 때문이다. 위(爲)는 '~하다' 라는 뜻이며 여(與)는 '주다' 라는 뜻이 아니라 '~일 것이다' 라는 추측을 의미하는 말로 사용되고 있다.

나라를 다스리는 도리

道千乘之國 敬事而信 節用而愛人 使民以時
도천승지국(호대) 경사이신(하며) 절용이애인(하며) 사민이시(나라)
학이(學而)

이 구절은 나라를 다스리는 근본 원리에 대해 공자께서 하신 말씀이다. 도천승지국(道千乘之國)에서 도(道)는 길과 이치라는 의미뿐 아니라 도리와 행정, 기능 등을 나타내는 말로 사용할 수 있으며, 여기서는 다스리라는 의미를 나타낸다. 도천승지국은 전차 천 대를 동원할 수 있는 나라를 다스리는 법을 말하고 있다.

경사이신(敬事而信)은 일은 도(道)를 따라 성실하게 하고, 말과 행동을 하나 되게 한다는 의미다. 여기서 경(敬)은 공경한다는 의미 외에도 한결 같은 성실함이라는 뜻을 가지고 있다. 절용이애인(節用而愛人)은 나라의 씀씀이를 절약하고 백성들을 사랑하며 사민이시(使民以時)는 백성들을 적합한 곳에 맞게 일하도록 해야 한다는 뜻이다.

공자께서는 나라를 다스리는 정치가들은 화려하고 사치스런 생활을 즐기면서 백성들에게 절약하고 아낄 것을 요구한다면 전혀 먹히지 않을 것이며, 백성들의 뜻을 살피지 않은 채 자기들이 원하는 곳으로 백성들을 내몬다면 백성들은 정치가들의 뜻을 따르지 않게 될 것이라는 말씀을 하시는 것이다.

공자께서는 백성을 위한 모든 출발점은 백성을 이롭게 하는 곳이며 백성을 사랑하는 마음이 없다면 불가능한 일이라고 말씀하셨다. 절용이애인에서 애인(愛人)은 정치를 하는 사람들이 어디에서부터 출발해야 하는지를 보여주고 있다.

학습이 아닌 배움에 뜻을 두는 공부

弟子入則孝 出則弟
제자(이) 입즉효(하고) 출즉제(하라)
학이(學而)

이 세상에서 가장 듣기 좋은 소리는 무엇일까? 옛 문헌에는 가을밤에 술 거르는 소리와 연모하는 여자의 치마끈 푸는 소리라고 적혀 있지만 이는 옛 문헌일 뿐이다. 요즘 가장 듣기 좋은 소리는 아이의 영어책 읽는 소리와 아내의 돈 세는 소리라고 한다. 부모들이 공부를 얼마나 중요하게 생각하는 지가 읽히는 대목이다. 그런데 요즘 부모들은 자녀에게 공부를 열심히 하라고 하면서도 정작 왜 공부를 해야 하는지는 모르는 경우가 많다.

공자가 말씀하신 제자입즉효(弟子入則孝)하고 출즉제(出則弟)하라는 공부를 해야 하는 까닭에 답을 얻을 수 있는 말이다. 이 말을 풀이하면 어린 사람들은(배움을 청하는 제자들은) 집에 들어가서는 효도하고 밖에 나가서는 윗사람들에게 공손하라는 말이다.

공자는 학생된 사람이 글을 배운다며 책을 펼치기 전에 먼저 사람이 될 것을 강조하고 있다. 부모에게 효도하고, 주위 어른들에게 공손하지 않으면 제아무리 많은 공부를 해도 큰 의미가 없다는 것이다. 즉 공부를 한다는 것이 학습의 의미뿐 아니라 사람의 효를 다하고, 사람이 제 구실을 하는 기본적인 소양을 기르는 것임을 의미하고 있는 것이다.

아무리 아이가 원어민 수준의 영어 실력을 갖고 있다고 한들 부모의 말에 악을 쓰듯 달려든다면 그것이 무슨 소용이 있겠는가?

사람의 길

父在觀其志 父歿觀其行
부재(에)관기지(요) 부몰(에)관기행(이라)
학이(學而)

몇 해 전 '아버님 댁에 보일러 놔드려야겠다'는 텔레비전 광고가 등장한 적이 있었다. 연세 드신 부모님들이 바깥일을 마치고 돌아오신 뒤에도 보일러가 없어서 제대로 쉬지 못한다는 내용이었다. 보일러가 없어 불편하신 데도 행여 자식들이 마음 쓸까봐 '괜찮다'는 말과 함께 손사래를 치시던 모습이 기억이 남는다.

바로 그것이 지금 우리들 사는 모습이 아닐까? 부모님은 자식에게 자신의 힘든 모습을 애써 내색하지 않으시려고 하는데, 자식들은 부모님의 안색을 살피기는커녕 살기 힘들다는 이유로 외면하고 있는 건 아닌지 생각해볼 일이다.

부재(父在)에 관기지(觀其志)요 부몰(父歿)에 관기행(觀其行)이라는 아버지가 살아계실 때는 아버지의 뜻을 바르게 좇고, 아버지가 돌아가셨을 때는 생존에 하신 행동을 기억해서 그대로 따라해야 한다는 의미를 담고 있다.

부모님들이 자식 생각에 애써 내색하지 않으신다고 해도 자식들은 부모님의 감춰둔 마음을 헤아리는 노력이 필요하다. 살아계실 때는 부모님의 뜻을 좇고 돌아가신 후에는 부모님 생전의 뜻을 저버리지 않고 살아가는 것, 그것이 사람의 길일 것이다.

어기지 마라에 담긴 큰 뜻

孟懿子 問孝 子曰 無違
맹의자(이) 문효(한대) 자왈 무위(니라)
위정(爲政)

이 구절은 맹의자가 공자께 효가 무엇이냐고 질문하자 공자께서 아주 짧고 간결하게 '무위(無違), 어기지 않아야 한다'고 대답하셨다는 말씀이다. 그렇다면 어기지 않아야 한다는 것은 어떤 의미일까? 공자께서는 곧이어 '생사지이례(生事之以禮)하며 사장지이례(死葬之以禮)하며 제지이례(祭之以禮)니라'라는 말로 궁금증을 풀어주셨다.

부모님이 살아 계실 때 예(禮)를 다해서 섬기고, 돌아가신 뒤에도 예를 통해 상례를 치르며, 제사를 지낼 때에도 예를 다해 정성을 다해야 한다는 말씀이다. 예란 사람이 해야 할 기본적인 도리를 지켜야 한다는 말이다. 밥을 차려드려도 부모님이 맛있게 드실 수 있도록 진심을 다하며, 옷을 사드려도 부모님이 좋아하실 수 있도록 색깔 하나하나까지 정성스럽게 골라야 한다는 것이다. 또한 부모님이 돌아가신 뒤에도 자신이 할 수 있는 만큼 정성과 예를 다해서 장례를 치르고, 때마다 제사를 치러야 한다고 강조하고 있다.

하지만 요즘 세상은 예를 다해 부모님을 모시기 어려운 세상이다. 맞벌이다, 아이들 양육이다 해서 특히 친정 엄마의 도움이 절실히 필요하다. 실제로 우리나라 대기업이나 관공서에 근무하는 여성 고위직들은 모두 그녀들의 엄마가 만들어낸 작품이라는 말이 정설로 받아들여지고 있다. 자식들의 버거운 세상살이를 도와주기 위해 오히려 부모님들이 자녀들을 예로써 대하는 세상이 오고 만 것이다.

부모님에게 바른 말을 해도

事父母 幾諫 見志不從 又敬不違 勞而不怨
사부모(하되) 기간(이니) 견지부종(하고) 우경불위(하며) 노이불원(이니라)
이인(里仁)

　　마흔 언저리를 살아가며 한탄하는 말이 있다. 자신들은 부모님을 공양하는 마지막 세대이며, 자식들의 공양을 기대하지 않는 첫 세대라는 것이다. 자식이 하나나 둘밖에 없는 상태에서 자녀들에게 자신의 노후를 책임지라고 하기에는 한계가 있다는 것을 40대들은 본능적으로 느끼고 있다. 한편으로는 자녀들에게 많은 투자를 하고 있기 때문에 노후가 불안할 수밖에 없다.

　　그래서일까? 40대를 살아가는 이들은 자신의 부모님이나 자녀와 갈등을 겪으며 살아가고 있다. 부모님은 용돈이 적다거나 자주 찾아주지 않는다고 불만스러워하고, 자녀들은 부모님의 기대가 부담스럽다고 투정을 부린다. 이래저래 낀 세대인 마흔을 살아간다는 것이 힘겨워 보인다.

　　공자께서 말씀하신 '사부모(事父母)하되 기간(幾諫)이니 견지부종(見志不從)하고 우경불위(又敬不違)하며 노이불원(勞而不怨)이니라' 라는 말을 풀이하면 부모를 섬김에 있어 간언을 신중하게 올리며, 설혹 나의 뜻이 받아들여지지 않더라도 여전히 공경하고 효도를 어기지 말아야 한다. 또 간언을 올리기 힘이 들어도 원망하지 않아야 한다는 의미이다.

　　어떤 자식이라도 부모님에게 일체의 원망도 하지 않는다는 것은 어렵다. 하지만 40대를 지나면 부모님을 원망하고 싶어도 살아 계시지 않는 경우가 많다고 하니, 부모님께 서운한 맘이 들 때면 이 말을 깊이 새겨보자.

부모님의 격정을 덜어드리는 게 효

父母唯其疾之憂
부모(는)유기질지우(시니라)
위정(爲政)

이 글귀는 맹무백(孟武伯)이라는 이가 공자에게 효에 관해 물어본 것에 대한 답이다. 맹무백은 맹의자(孟懿子)의 아들인데 본래 용맹이 남다른 사람이었다. 따라서 그는 곧잘 자기 몸을 해칠 수 있는 행동을 저지르곤 했다. 그런 사정을 알던 공자였기에 맹무백의 질문에 '부모님에게는 오직 질병만으로 걱정을 끼치게 해야 한다'는 답을 해준 것이다.

부모와 자식의 관계로 만나려면 전생에 수천 번의 인연이 쌓여야 한다. 그런 귀한 인연 탓일까? 현생에서 부모와 자식간의 관계는 한시도 걱정을 내려놓을 수 없는 관계이다.

팔십이 넘은 부모님은 마흔살 넘은 자식이라 할지라도 물가에 내놓은 아이를 보는 것처럼 가슴 졸이고 불안해하신다. 그렇기에 매사에 조심 또 조심해야 하는 게 자식된 도리이다. 바로 그런 의미에서 공자는 오직 질병만으로 걱정을 끼치게 해야 한다고 말하는 것이다.

'개구쟁이라도 좋다, 건강하게만 자라다오'라는 오래된 명카피가 다시 생각나는 구절이다.

돈만 드리면 효도 끝?

今之孝者 是謂能養
금지효자(는) 시위능양(이니)
위정(爲政)

　돈이 효자라는 말이 있다. 아무리 효심이 깊은 자식이라 해도 돈이 없다면 말짱 도루묵이라는 말이다. 실제로 맞벌이로 인해 자주 시골에 내려갈 수 없었던 어느 서울 며느리가 자꾸 시댁 마을에서 며느리 잘못얻었다는 소문이 돌자 준비를 단단히 하고 시댁으로 향했다. 며느리가 준비한 것은 다름 아닌 돈이었다. 시댁에 텔레비전과 김치냉장고를 사드리고 두툼한 돈봉투를 시부모님께 안겨드렸다. 그러자 그 며느리는 삽시간에 동네 사람들에게 효부로 칭찬을 받기 시작했다.

　그런데 정말 돈이 효자일까? 그 이후 시어머니에게는 해야 할 일 하나가 늘어났다. 철마다 김치냉장고 가득 김치를 담가서 며느리에게 보내줘야 하는 일이었다. 김치통 가득 김치를 담그며 시어머니는 세상에 공짜가 없다는 말을 실감하였다고 한다.

　금지효자(今之孝者)는 시위능양(是謂能養)이니란 구절은 공자의 제자였던 자유(子遊)에게 공자가 한 말이다. 평소 자유를 유심히 지켜보던 공자는 '오늘의 사람들은 물질적 공양만을 효라고 한다'고 하면서 물질이 효의 전부라고 생각하는 것을 꼬집고 있다.

　돈이 효자라는 말이 왕왕 나오는 이 시대에 꼭 맞는 말이 아닐 수 없다.

개에게도 밥은 준다

至於犬馬 皆能有養 不敬 何以別乎
지어견마(하여도) 개능유양(이니라) 불경(이면) 하이별호(리오)

위정(爲政)

지어견마(至於犬馬)하여도 개능유양(皆能有養)이니라 불경(不敬)이면 하이별호(何以別乎)는 개와 말에게도 밥은 준다. 곧 부모라도 존경하지 않으면 이들과 구분이 없다는 의미를 담고 있는 말이다. 이 말은 금지효자(今之孝者)는 시위능양(是謂能養)의 다음 구절로 전체적으로 풀이하면 '요즘 사람들은 물질적 공양만을 효라고 생각한다. 개와 말도 사육한다. 존경하지 않으면 구분이 없다'는 말이다. 즉 물질적으로 베푸는 것만 생각하면 개와 말을 사육하기 위해 물질적으로 베푸는 것과 마찬가지라는 의미다. 효가 개와 말을 사육하는 것과 다른 것은 부모를 생각하는 마음이 함께 하기 때문이라는 의미를 담고 있다.

실제로 요즘 개를 아기처럼 안고 다니는 사람들을 흔하게 볼 수 있다. 개나 고양이 등의 애완동물이 반려동물로 함께 세상을 살아가는 관계가 되고 있으나 개나 고양이는 애정의 대상일 뿐, 공경의 대상은 아니다.

바로 이것이 애정을 주는 것과 효를 다하는 것이 다를 수밖에 없는 이유이다. 애정을 주는 대상에는 물질적인 것으로 사랑을 다할 수 있지만, 공경하는 대상에는 물질적인 것과 함께 정신적인 배려와 노력이 함께 채워져야 한다. 물질적인 공경과 함께 마음이 불편한 점은 없는지, 찬찬히 배려하는 것이 바로 효이다. 그리고 이것이 돈이 효를 다할 수 없는 까닭이다.

웃음으로 어른을 대하기 어려운 이유는

子夏 問孝 子曰 色難
자하(이) 문효(한대) 자왈 색난(이니)
위정(爲政)

입가에 저절로 웃음이 도는 경우가 있다. 아기의 웃는 얼굴을 볼 때나 좋은 사람을 만날 때, 오랫동안 원하는 일이 이루어졌을 때 기분 좋은 미소가 생긴다. 그런데 부모님을 뵐 때는 한숨부터 새어나온다는 사람들이 많다. 나이가 들수록 완고해지는 성정 때문에 힘겨운 까닭이리라.

웃는 얼굴로 부모님을 대하는 게 힘겨워진다는 말이 일견 부모님께는 죄송스럽지만, 웃음으로 어른을 대하기 어려운 건 효를 강조한 공자께서도 마찬가지였던 듯싶다.

자하(子夏) 문효(問孝) 자왈(子曰) 색난(色難)은 공자의 인간적인 면모를 볼 수 있는 구절이다. 공자의 제자 가운데 한 명인 자하가 효에 대해서 묻자 공자께서 색난이라는 대답을 내놓으셨다는 말이다. 색난이란 쉽게 얼굴빛을 부드럽게 하기 어렵다는 말이니 공자 역시 마음에서 솟아나는 짜증을 감출 수 없어 부모님 앞에서 얼굴빛이 험악하게 일그러졌다는 것이다.

공자께서도 그러셨다니 슬그머니 웃음이 난다. 하지만 그렇다고 그게 진리일 수는 없는 법이다.

다시 한번 거울을 보자. 그리고 얼굴빛을 부드럽게 고쳐서 내가 어렸을 때 그랬던 것처럼 나이 드신 부모님들의 투정을 웃는 낯으로 받아들일 수 있도록 스스로의 안색을 다시 한번 살펴보도록 하자.

효는 마음에서 우러나와야

有事 弟子服其勞 有酒食 先生饌 曾是以爲孝乎
유사 제자복기로(하고) 유주사 선생찬(을) 증시이위효호(아)
위정(爲政)

유사(有事) 제자복기로(弟子服其勞)하고 유주사(有酒食) 선생찬(先生饌) 증시이위효호(曾是以爲孝乎)라는 구절은 '일이 있으면 젊은이가 수고를 하고, 술이나 음식이 있으면 어른들께 올린다. 그것만으로 효라 할 수 있겠느냐'라는 의미이다.

수고스럽고 힘든 일은 나이 지긋하신 어르신들이 아니라 아직 젊고 건강한 젊은이들이 하는 것이 맞다. 세상 누구도 젊은 직원들은 일찍 퇴근을 하고 나이 지긋한 어른이 야근을 하며 밤늦게까지 수고하는 모습을 보기 좋다고 말하지는 않는다. 그러나 이 말을 들은 혹자는 젊은 사람이 왜 일을 다해야 하냐고 말할 수도 있다. 나이 든 어른은 이미 수고로운 일을 한 이들이다. 이미 그 일을 하면서 평생을 살아왔기에 수고로운 일은 젊은 사람이 하는 게 옳다. 그리고 세상이 그러한 흐름으로 흘러가면 지금의 젊은이들이 나이가 먹었을 때 훗날의 젊은이들이 수고로운 일을 하게 될 것이다. 그게 바로 세상이 바르게 흘러가는 이치이다.

젊은이가 수고로움을 감당하고 어른들께는 좋은 음식을 드리는 것은 당연한 이치이다. 그 당연한 이치를 마음에서 우러나오도록 하는 것이 진정한 효라고 공자는 말하고 있다.

죽은 이에 대한 예가 산 사람에게 이어진다

愼終追遠 民德歸厚矣
신종추원(이면) 민덕(이)귀후의(니라)
학이(學而)

　세상이 변하면서 제사의 풍속 역시 많이 변한 듯싶다. 예전에는 제사 음식을 손수 장만하지 않거나 콘도나 펜션 등에서 제례를 모시면 크게 잘못된 것으로 여겼지만 요즘에는 이런 예가 많아서 많이 덤덤해진 것 같다. 그러나 인터넷에 올라와 있는 제사 화면을 켜놓고 제사를 올렸다는 풍문은 듣는 사람의 마음을 무겁게 만든다. 조상님들이 찾아와서 차려 놓은 음식을 흠향한다는 일이 현실감 떨어진다는 사실은 인정한다. 돌아가신 조상님들과 내가 제사라는 형식과 음식, 그리고 음복(飮福)을 통해 하나의 연관성과 동질감을 가지는 것이 제사의 참 의미라고 생각한다.

　논어에서는 죽은 사람에 대한 예의와 경외가 곧 산 사람에게 이어진다고 하면서 조상에 대한 추모의 덕을 잃지 말 것을 강조하고 있다.

　신종추원(愼終追遠)이면 민덕(民德)이 귀후의(歸厚矣)니라. 이 말은 공자의 제자인 증자(曾子)가 한 말로 '돌아가신 조상들의 초상을 조심스럽게 치르고 조상을 추모하면 백성의 덕이 두터워진다' 는 뜻이다. '신(愼)은 삼가다는 뜻이며 종(終)은 끝나다, 죽다' 라는 의미이다.

　할아버지의 제사를 소홀히 치른 것을 보고 자란 손자가 아버지의 제사를 정성스럽게 치를 리 만무하다. 내 아버지의 기일을 정성스럽게 기억해야 하는 이유가 바로 여기에 있다.

멀리 집을 떠나지 않고 가는 곳을 꼭 알려야 한다

子曰 父母在 不遠遊 遊必有方
자왈 부모(이)재(어시든) 불원유(하며) 유필유방(이니라)

이인(里仁)

　이 구절은 부모(父母) 재(在), 즉 부모가 살아 계실 때는 불원유(不遠遊), 멀리 여행을 떠나거나 놀러다니지 않는다는 말이다. 유필유방(遊必有方)에서 방(方)은 방향이나 방위를 가르키므로 유방(有方)은 사방이라는 뜻보다는 정해진 장소가 있는 곳이나 일정한 방향이 있는 곳으로 풀이하면 된다. 따라서 유필유방(遊必有方)은 먼 곳으로 여행을 떠나거나 놀러갈 때 반드시 부모님에게 자신의 행방을 알릴 것을 충고하는 말이다.

　부모님이 살아 계실 때 멀리 여행을 다니면 안 된다는 이야기를 들으면 요즘 젊은이들은 어떤 표정을 지을까? 아마 도저히 이해할 수 없다는 얼굴을 할 것이다. 공자께서 사셨던 춘추전국시대는 한 번 일이 있어서 출장을 가거나 여행을 떠나면 날짜를 기약할 수 없었기 때문에 나이 드신 부모님을 두고 쉬이 대문 밖을 나서기 어려웠을 것이다.

　요즘에는 멀리 미국이나 영국에서도 열 시간 가량의 비행시간이면 한국으로 돌아올 수 있으니 이 문구에 크게 얽매이지는 않아도 될 것 같다. 그러나 무소식이 희소식이라는 핑계로 전화도 하지 않고, 여행을 떠날 때 달랑 자신의 아내와 아이들만을 데리고 길을 나서는 사람들은 두고두고 반성해야만 한다. 부모님이 성가시고 귀찮아 안부조차 제대로 묻지 않는 사람들은 자신이 늙으면 부모님에게 한 것만큼 자식에게 되돌려받을 것이기 때문이다. 금쪽 같은 자식이라며 세상에 없이 물고 빨아도 인생은 그렇게 주고받는 것이다.

삼년에 숨은 뜻

子曰 三年 無改於父之道 可謂孝矣
자왈 삼년(을) 무개어부지도(라야) 가위효의(니라)
이인(里仁)

창업주가 돌아가시고 난 후 창업 2,3세가 새로운 분야에 진출했다가 흔적도 없이 회사가 사라지는 경우를 종종 보게 된다. 새로운 경영기법을 도입한다, 낡은 창업공신을 물리치고 참신한 인재를 영입한다며 부산을 떨다가 선친이 이룩해 놓은 업적마저 하루 아침에 잃어버리는 것이다. 시대에 맞는 정신과 새로운 교육을 받은 참신한 인재도 소중하지만 선대 창업주의 경험 가운데 본받을 점이 있었던 건 아닌가 싶다.

자왈(子曰) 삼년(三年)을 무개어부지도(無改於父之道)라야 가위효의(可謂孝矣)니라는 삼년간 선친의 도를 고치지 않아야 효라 할 수 있다는 말이다. 이 구절에서 가장 눈여겨 볼 말은 삼년이라는 말이다. 공자는 왜 삼년이라는 말을 강조하신 걸까? 이는 삼년간 시묘살이를 한 것과도 같은 이유이다. 삼년 동안 시묘살이를 하는 것은 그 시간 동안 부모님의 은혜와 지나온 삶을 되돌아보며 부모님의 본받을 점을 되돌아보라는 의미가 담겨 있다.

이 말에는 효의 의미만 담겨 있는 것은 아니다. 삼년의 시간 동안 부모님의 삶을 돌아보며 본받을 점을 살핀다는 점에서 홀로 남겨진 자식이 부모님을 본받아 지혜롭게 살 수 있는 혜안을 길러준다는 의미도 함께 담겨 있다.

부모님의 연세

子曰 父母之年 不可不知也 一則以喜 一則以懼
자왈 부모지년(은) 불가부지야(이니) 일즉이희(오) 일즉이구(니라)
이인(里仁)

가끔 '올해 부모님 연세가 어떻게 되셨습니까?' 라는 질문을 받는다. 그럴 때면 의외로 부모님의 연세를 쉽게 대답하지 못해서 당황하는 경우가 많다.

'가만 있어 봐라, 올해 연세가 어떻게 되시지? 일흔 셋인가? 아니 일흔 넷이셨던가?' 라며 머릿속이 분주해진다. 늘 가까이 모시고 있다며 우쭐해했는데, 부모님의 나이조차 제대로 대답하지 못하니 차마 고개를 들지 못할 일이다.

공자께서는 부모님 나이를 꼭 기억하고 있어야 하는 이유를 자왈(子曰) 부모지년(父母之年)은 불가부지야(不可不知也)이니 일즉이희(一則以喜)오 일즉이구(一則以懼)를 통해 정확하게 설명해주고 계신다. 부모님께서 건강하게 노년을 즐기시는 모습이 기쁘기도 하지만 한편으로 갈수록 나이 드는 모습이 안타깝게 여겨지기 때문이다.

즉 부모님의 연세와 건강을 살피면서 불의의 일이 닥치지 않도록 미리미리 조심해야만 한다고 말씀하고 계신 것이다. 언제나 곁에 계시다고 생각되는 부모님이지만, 해마다 늙고 힘이 없어지니 늘 연세를 기억하고 보살펴야 한다는 것을 알려주고 계신다.

그래서일까? 언제부턴가 부모님의 생신이 돌아오면 기쁨보다 애잔함이 더욱 커진다.

55

이런 것들을 나는 쉽게 행할 수 있다

子曰 出則事公卿 入則事父兄 喪事 不敢不勉 不爲酒困何有於我哉
자왈 출즉사공경(하고) 입즉사부형(하며) 상사(를) 불감불면(하며) 불위주곤(이)하유어아재(오)

자한(子罕)

공자께서는 스스로나 다른 사람에게 엄격하고 까다로운 분이었다. 자왈 (子曰) 출즉사공경(出則事公卿)하고 입즉사부형(入則事父兄)하며 상사(喪事) 를 불감불면(不敢不勉)하며 불위주곤(不爲酒困)이 하유어아재(何有於我哉)는 자신에 대해 끊임없이 노력하는 사람만이 할 수 있는 말이기 때문이다. 이 말 은 밖에 나가서는 높은 사람을 공경하고, 집에 들어와서는 아버지와 형을 섬 기고, 제사는 온 정성을 기울여 차리며 술에 취해서 실수를 하지 않는다. 이 런 것들을 나는 쉽게 행할 수 있다는 의미를 담고 있다.

하지만 이 말은 자신감에 찬 말뿐 아니라 스스로를 항상 단속하는 주문 같 은 의미라고 받아들일 수도 있다. 밖에 나가 예에 부족한 행동을 하지 않는 지, 제사 상차림에 부족한 것은 없는지, 술에 취해 실수를 하는 것은 아닌지 항상 돌아보고 자신을 엄격하게 단속하면서 사셨던 것이다.

그렇다면 지금 우리의 모습은 어떠한가. 혹시 직장상사와 의견차이로 인 해 얼굴을 붉히고 있는 건 아닌지, 제삿날에 바쁘다는 핑계로 빠지지는 않는 지, 술자리에서 실수를 한 건 아닌지 되돌아 볼일이다. 그리고 공자께서 말씀 하신 것처럼 하유어아재(何有於我哉), '이런 것들을 나는 쉽게 행할 수 있다' 고 말을 하기를 기대해 본다.

노인들이 일어선 뒤에야

鄕人飮酒 杖者出 斯出矣
향인음주(에) 장자(이)출(이어든) 사출의(러시다)
향당(鄕黨)

어르신들 갈 곳이 없다는 푸념은 어제 오늘 일이 아니다. 그래서 수년 전부터 종로3가 지하철역과 종묘 앞에는 갈 곳 없는 어르신들이 모여든다.

공자가 살던 시대에는 하루 날을 받아 마을 잔치를 열었다고 한다. 주로 관청의 너른 마당에서 잔치를 베풀었는데 어르신들을 위한 경로회 목적이 컸다. 이때 잔치가 끝나면 공자께서는 신분을 뛰어 넘어 지팡이를 짚은 노인이 먼저 나간 후에야 비로소 그 뒤를 따라 관청 밖으로 나섰다고 한다. 공자 정도되는 분이라면 몇 명의 노인보다 앞서서 관청을 빠져나온다고 해서 크게 흉이 될 것도 없었을 텐데 공자께서는 고지식할 정도로 자신이 말한 효와 공경의 예를 빠뜨리지 않고 지킨 것이다.

혹시 종로3가에서 만난 갈 곳 없는 어르신들 앞을 지나며 예의에 없는 행동을 하지는 않았는지 곰곰이 생각해 볼 일이다.

향인음주(鄕人飮酒)에서 향(鄕)은 어느 시골마을쯤으로 생각하면 된다. 그러니까 향인음주는 마을에서 벌어진 잔치이며 장자(杖者)는 지팡이를 짚은 사람, 즉 노인을 말한다. 말 그대로 긴 지팡이를 짚은 노인이 나간 뒤라야 그 뒤를 따라 나갔다는 말이 된다. 이름 없는 촌부의 뒤를 따라나서는 공자의 예의 바른 뒷모습이 눈앞에 보이는 것 같다.

공자께서 인정한 효자

子曰 孝哉 閔子騫 人不間於其父母昆弟之言
자왈 효재(라) 민자건(이여) 인불간어기부모곤제지언(이로다)
선진(先進)

    민자건(閔子騫)은 공자의 열 제자 가운데 한 사람이었다. 민자건은 평소에 말도 별로 없고, 자신이 옳다고 생각하는 것은 의연할 정도로 중심을 지킨 사람이었다. 민자건에게는 계모가 있었는데 그에게는 안에 갈대를 넣은 홑옷을 입히고 자신이 낳은 두 아들에게는 솜옷을 입힌 사실이 그만 민자건의 아버지에게 드러났다. 그러자 화가 난 민자건의 아버지가 계모를 내쫓으려 하자 어머니가 계시면 아들 하나만 홑옷을 입고 지내면 되지만 어머니를 내쫓으시면 세 아들이 추위에 떨어야 한다는 말로 아버지를 만류했다고 한다.

    그러나 민자건의 효심에 대해서 세상 사람들은 이리저리 멋대로 해석하며 뒷말을 했던 모양이다. 그러자 공자께서 민자건은 몹시 효성스러우며, 누구라도 민자건의 부모, 형제가 민자건에게 효자라고 말하는 것에 대해 이의를 제기할 수 없을 것이라고 옹호해 주는 구절이다.

    '자왈(子曰) 효재(孝哉)라 민자건(閔子騫)이여 인불간어기부모곤제지언(人不間於其父母昆弟之言)이로다'에서 효(孝)는 효자를 지칭하는 말이다. 또한 효재(孝哉)의 재(哉)는 감탄 어조사 재로 쾌재(快哉)라는 의미를 담고 있다.

    이 구절에서 가장 눈여겨봐야 할 말은 간(間)자로서 사이 간이 아니라 이간질할 간으로 해석해야 한다. 민자건이 효자라는 소리를 시기해 민자건의 부모와 형제에게 헛된 소리를 하며 이간질을 일삼는 사람들 역시 다른 소리를 할 수 없을 것이라는 말이다.

모두에게 효자라고 칭찬받아야

稱孝焉 鄕黨 稱弟焉
칭효언(하며) 향당(이) 칭제언(이니라)
자로(子路)

멀리 있는 사람에게 칭찬받기는 쉬워도 늘 함께 생활하는 사람에게 칭찬받는 일은 생각처럼 쉽지 않다. 카리스마가 넘쳐 얼굴 한번을 제대로 쳐다보기 힘들었다는 태종 이방원 역시 걸음을 옮기다 헛딛는 바람에 사관들에게 놀림을 받았다는 기록이 남아 있다. 일국의 왕이라도 가까운 사람들에게 허물을 들키지 않고 산다는 것은 쉽지 않은 일이다. 그러니 가까운 일가친척과 동네 사람들에게 천하에 없는 효자 소리를 듣기 위해서는 얼마나 몸과 마음가짐을 단정히 하고 부모에게 지극정성으로 효를 실천해야 하는지 짐작할 수 있다.

위 구절은 춘추시대 위나라의 유학자인 자공(子貢)이 공자에게 어떤 사람을 선비라고 할 수 있느냐는 질문에서 시작된 말이다. 이에 공자는 칭효언(稱孝焉)하며 향당(鄕黨)이 칭제언(稱弟焉)이며 일가친척으로부터 효자라 칭찬받고 마을 사람들로부터 우애롭다고 칭찬을 받는 사람이 효자라고 말하고 있다.

가장 기본적인 효를 무시하고는 선비가 될 수 없으며 또한 선비가 되는 일은 출세와 무관한 일이라는 가르침을 주고 있는 것이다. 공자께서 모든 사회생활의 근본을 효에 두고 있음을 알 수 있는 대목이다.

효도 역시 정치덕목 중 하나

書云孝乎 惟孝 友于兄弟 施於有政 是亦爲政, 奚其爲爲政
서운효호(인저) 유효(하며) 우우형제(하야) 시어유정(이라하니) 시역위정(이니) 해기위위정(이리오)
위정(爲政)

조선 선조시대에 명재상으로 알려진 이원익은 여러 왕에 걸쳐 영의정을 다섯 번이나 역임한 분이었다. 영의정을 다섯 번이나 지냈으니 고래등 같은 집에 화려함이 넘치는 생활을 했을 것으로 생각되지만 그는 아주 검소하게 생활을 하였다. 처음 이원익을 본 사람들은 검소한 차림새 때문에 동네 촌부로 생각하는 경우가 많았고, 함께 벼슬을 하던 사람들조차 이원익을 오리 정승이라 부르며 친근하게 여겼다. 그러나 이원익이 관복을 입고 회의를 주재하면 그 늠름함과 논리 정연함을 누구도 따를 수 없었다고 한다. 그는 세상을 떠날 때 자손들에게 서로 우애를 다하며 농사를 짓고 돗자리를 짜서 다만 굶어죽지 않는 데만 노력하라는 말을 남겼다.

공자도 마찬가지셨다. 왜 그 정도의 능력으로 정치를 하지 않느냐는 질문을 하자 서운효호(書云孝乎) 유효(惟孝) 우우형제(友于兄弟) 시어유정(是於有政) 시역위정(是亦爲政) 해기위위정(奚其爲爲政)이라는 답을 내놓았다. 부모에게 효도하고 형제간에 우애 있게 지내는 것이 어찌 정치를 하는 것만 못한 일이냐며 효도도 중요한 정치덕목 중 하나이니 정치를 할 필요가 없다는 의미이다.

나만이 나라의 어려움을 해결할 수 있다고 목놓아 부르짖는 정치인들이 공자님 말씀처럼 얼마나 부모와 형제들에게 효를 실천하고 있는지 궁금해진다.

사람의 길, 오늘을 산다는 것

論語

제3장 [바르게 사는 길]

사람 사는 세상을 꿈꾸며

도를 따라 바르게

就有道而正焉 可謂好學也已
취유도이정언(이라야) 가위호학야이(니라)
학이(學而)

취유도이정언(就有道而正焉)이라야 가위호학야이(可謂好學也已)니라 라는 말 앞에는 식무구포(食無求飽) 거무구안(居無求安)이라는 말이 나온다. 이말은 '군자는 배불리 먹고 편히 살기를 구하지 않는다' 는 뜻이다. 공자가 이말을 언급한 까닭은 공자께서 사시던 춘추전국시대의 왕과 제후들이 가난한 백성들을 앞세워 전쟁을 하고 사치스런 생활을 즐겼기 때문이다. 입으로는 늘 백성을 위하는 척했으나 자신들의 부를 늘리는 데만 골몰했으니 공자의 눈에 이들이 좋게 보였을 리가 없다.

취유도이정언(就有道而正焉)이라야 가위호학야이(可謂好學也已)니라는 도를 따라 바르게 해야 즐겁게 공부할 수 있다는 의미를 담고 있다. 호학(好學)이라는 말은 글자 그대로 배우기를 좋아한다는 말이며, 연구하고, 책 읽고, 글쓰기를 좋아한다는 말로도 사용될 수 있다.

공자는 논어를 통해 호학이라는 말을 자주 언급하셨다. 자신보다 더 호학하는 사람은 없을 것이라는 확신을 이야기하기도 했다.

호학은 매우 실천적인 말이다. 호학을 위해서는 늘 부지런히 책을 읽고, 연구하고, 노력하는 자세가 필요하기 때문이다. 배불리 먹고, 좋은 옷을 입고, 편히 살기만을 바라는 사람은 절대 공부를 좋아할 수 없다.

생각에 사악함이 없어야 한다

思無邪
사무사(이니라)
위정(爲政)

생각할 사(思), 없을 무(無), 간사할 사(邪). 생각에 사악함이 없다는 뜻이다. 별로 어려울 것도 없는 세 글자에는 쉽게 다가가기 어려운 커다란 뜻이 담겨 있다.

생각이란 본래 사람의 마음 씀씀이를 말하는 것이다. 사람의 마음은 티 없이 깨끗하다고 하지만 실제로는 하루에도 수없이 오만 가지 생각들이 지나간다. 이렇게 오만 가지 생각들이 제 멋대로 지나가면 사물의 있는 그대로의 모습을 파악하기가 쉽지 않다. 결국 이런 상황이 오래되면 원래의 모습과 다르게 사물을 해석할 수밖에 없고, 마음에도 간사함이 서리게 된다. 공자께서 고생 끝에 주나라 초기부터 춘추시대 중기까지 시가 305편을 모은 시경(詩經)의 편집을 마치자 누군가 이렇게 물어왔다. '선생님! 선생님께서 편집하신 시경의 내용은 어떤 것입니까?' 그러자 한참을 생각하시던 공자께서 이렇게 대답하셨다고 한다.

'자왈시삼백(子曰詩三百) 일언이폐지(一言以蔽之)하니 왈사무사(曰思無邪)이니라' 이 말은 시경 삼백 편은 삿됨 없는, 참된 사상만을 모아 놓은 것이다로 풀이할 수 있다.

하지만 세상에 발을 딛고 사는 사람들이면 모두 알 것이다. 생각하는 것에 사사로움과 사특함이 없다는 것이 과연 가능한 걸까? 생각에 사악함을 없애는 방법에 대하여 공자께 다시 한번 여쭙고 싶은 마음이다.

하늘을 우러러 한 점 부끄럼 없게

不然 獲罪於天 無所禱也
불연(하다) 획죄어천(이면) 무소도야(이니라)
팔일(八佾)

시인 윤동주는 서시에서 '하늘을 우러러 한 점 부끄럼이 없기를' 기도했다고 적고 있다. 그러나 많은 이들이 하늘에 죄를 짓고도 부끄러움 없이 살아가는 게 사실이다.

위 글귀는 위나라의 대부이며 실권을 쥐고 있던 왕손가(王孫賈)가 공자를 회유하기 위해 넌지시 물은 말에 대한 공자의 답이다. 왕손가는 여기미어오(與其媚於奧)면 영미어조(寧媚於竈) 하위야(何謂也)니라 라면서 '방안에서 아첨하느니 차라리 부엌에 아첨하라는 것은 무슨 말입니까?' 라고 물어왔다. 실권이 없는 왕실을 섬기느니 자신에게 충성을 바치는 것이 어떤지를 물어온 것이다.

그러자 우리의 공자 선생은 불연(不然)하다 획죄어천(獲罪於天)이면 무소도야(無所禱也)니라 라면서 하늘에 죄를 지으면 빌 곳도 없다고 말씀하셨다. 죄가 깊어지면 하늘의 노여움을 피할 수 없다는 뜻을 보이신 것이다. 즉 공자가 왕손가편에 서는 것은 조정의 대신이 아니라 하늘에 죄를 짓는 것이니 그럴 수 없다는 뜻을 분명히 하신 것이다.

많은 이들이 남보다 우위에 서기 위해, 남보다 많은 것을 갖기 위해 옳지 않은 것을 행하고 있음을 상기할 때 하늘에 죄를 지으면 빌 곳도 없다는 공자의 말씀은 새삼 두렵게 다가온다.

공부 이전에 사람이 되어야

君子博學於文 約之以禮 亦可以弗畔矣夫
군자(이) 박학어문(이오) 약지이례(면) 역가이불반의부(인저)
옹야(雍也)

공자께서는 유난히 배움을 강조하셨다. 군자로 살아가기 위해서는 부지런히 글을 익히며 넓은 지식을 가져야 한다고 강조하셨다. 그런데 오늘날의 지식은 공자께서 말씀하신 폭넓은 세상에 대한 문리(文理)가 아니라 기능적인 지식을 습득하는데 집착하는 경우가 많다. 학문을 습득해 스스로를 수양하고 세상의 이치를 깨닫는 게 아니라 지식과 기능을 습득해 돈을 벌고 권력을 사며, 세상을 편하게 살기 위한 수단으로 이용하고 있다. 중고등학교의 학습이 대학 진학을 위한 준비가 되며, 대학의 학습이 취업을 위한 관문으로 이용되는 게 현실이다.

공자께서는 훗날 이런 학습풍토가 올 것을 예측이라도 하신 것일까?

군자박학어문(君子博學於文)이오 약지이례(約之以禮)면 역가이불반의부(亦可以弗畔矣夫)인저를 통해 군자는 글을 배우되 예로써 단속해야 한다. 그래야 비로소 도에 어긋나지 않는다는 말씀을 하고 계신다.

아무리 머리에 습득한 지식이 많다고 해도 학교와 집, 사회에서 예의에 벗어난 채 제멋대로 행동한다면 아무 소용이 없다는 말씀을 하고 계신 것이다.

아무리 배움이 많다고 해도 그것이 옳게 사용되지 못한다면 그것은 죽은 지식일 뿐이다.

누구나 좋은 사람을 만나고 싶어한다

聖人 吾不得而見之矣 得見君子者 斯可矣
성인(을) 오부득이견지의(어든) 득견군자 자(면) 사가의(니라)
술이(述而)

단 한 번뿐인 인생을 성공적으로 살 수 있는 방법은 무엇일까? 풍요로운 돈, 높은 학식, 든든한 배경 등 여러 가지가 있겠지만, 그 가운데서 으뜸은 사람일 것이다. 어떤 일을 하건 그 중심은 사람에 있기 때문이다. 그러나 안타깝게도 세상을 살면서 나에게 도움이 되는 사람을 만나기란 쉽지 않다.

성인(聖人)을 오부득이견지의(吾不得而見之矣)어든 득견군자자(得見君子者)면 사가의(斯可矣)니라는 이런 답답한 심정을 드러내는 문구이다. 내가 살아서 아직 한 번도 성인을 만나지 못했는데 성인을 만날 기회가 없다면 군자(君子)라도 한 번 만나봤으면 좋겠다는 의미를 담고 있다.

여기서 성인이란 하늘의 뜻을 받은 요순(堯舜) 같은 사람으로 한마디로 학문을 닦지 않아도 나면서부터 모든 것을 알고 있는 생이지지(生而知之)한 사람을 일컫는 것이다. 나에게 절대적인 도움을 주는 좋은 사람을 만나지 못할 바에는 내 발목을 잡지 않는 한결같은 사람, 즉 군자라도 만났으면 좋겠는데 어쩐지 그만한 일도 쉽지 않은 것 같다.

하지만 군자를 만날 수 있는 좋은 방법이 있다. 군자를 기다리기만 할 것이 아니라 스스로 좋은 사람, 군자가 되는 것이다. 나부터 그렇게 생각하고 군자가 되기 위해 노력한다면 언젠가는 원하는 군자를 만날 수 있게 될 것이다.

인류애 역시 군자의 길

君子 坦蕩蕩 小人 長戚戚
군자(는) 탄탕탕(이요) 소인(은) 장척척(이니라)
술이(里仁)

1988년 8월 민주화 운동 투신, 투옥, 단식투쟁, 15년간의 가택 연금, 그리고 2012년 4월 1일 보궐선거 승리로 국회 진출 성공. 이는 미얀마의 민주화 지도자인 아웅산 수치 여사의 이력이다. 아웅산 수치 여사는 24년간 미얀마 민주화 운동을 이끌며 온갖 고난과 역경을 이겨냈다. 미얀마의 국부 아웅산 장군의 딸인 아웅산 수치 여사는 영국 옥스퍼드대학에서 문학을 공부했다. 만약 그녀가 개인의 삶만을 생각했다면 그녀는 미얀마에 입국하지 않고 영국에서 편안하게 생활했을 것이다.

그러나 그녀는 군자(君子)는 탄탕탕(坦蕩蕩)이요 소인(小人)은 장척척(長戚戚)이라는 말처럼 개인의 행복보다는 만인의 행복을 만드는 길을 선택하였다. 군자는 평탄하고 너그러우며 소인은 항상 겁내고 두려워한다는 말처럼, 겁내고 두려운 소인의 길에서 벗어나 너그러운 군자의 삶을 걸어온 것이다.

아웅산 수치 여사는 사사로운 이익에 매달리지 않고 미얀마를 비롯한 군부 독재에 시달리는 사람들에게 희망이 되는 삶을 살아 왔다. 만약 아웅산 수치 여사가 자신의 안락함과 편안함을 위해 이(利)의 길을 걸었다면 미얀마 군부와 타협해 안락함을 누렸겠지만 미얀마 국민들은 군부독재 속에서 불안한 삶을 살았을 것이다. 인류애를 실천한 아웅산 수치 여사, 그녀에게서 군자의 모습이 겹쳐진다.

위급한 순간에도 절개를 지키는 사람

曾子曰 可以託六尺之孤 可以寄百里之命
증자왈 가이탁륙척지고(하며) 가이기백리지명(이오)
臨大節而不可奪也 君子人與 君子人也
임대절이불가탈야(이면) 군자인여(아) 군자인야(이니라) 태백(泰伯)

조선 세종 때 명장 김종서는 무인이자 문인이었다. 세종 역시 능력을 인정해 늘 곁에 두고 싶어하던 충신이었으나 유독 한 사람 그를 야단치는 사람이 있었다. 바로 이 사람 말도 맞고, 저 사람 말도 맞다며 사람 좋은 웃음을 내보이던 황희 정승이었다. 김종서는 조금의 실수만 저질러도 황희 정승에게 불려가 호되게 야단을 맞았다. 심한 경우에는 회초리로 종아리를 맞기도 했다.

보다 못한 우의정 맹사성이 황희 정승에게 어째서 김종서에게만은 그렇게 야박하게 대하는지를 물었다.

그러자 황희 정승은 두 눈을 감은 채 공자께서 말씀하신 증자왈(曾子曰) '가이탁륙척지고(可以託六尺之孤)하며 가이기백리지명(可以寄百里之命)이오 임대절이불가탈야(臨大節而不可奪也)이면 군자인여(君子人與)아 군자인야(君子人也)이니라' 를 되뇌었다.

이 말을 풀이하면 '어린 임금을 보필하고 백리 사방 나라 운명을 맡길 수 있으며 존망이 걸린 위급한 때에도 절개를 바꾸지 않을 사람은 오직 김종서 뿐이다' 라는 의미로 해석할 수 있다.

황희 정승은 김종서를 위급한 순간에도 절개를 잃지 않을 사람으로 판단하고 있었고, 김종서를 더 올곧은 사람으로 성장시키기 위해 담금질을 하고 있었던 것이다. 만약 김종서가 세조에 의해 죽음을 당하지 않았다면 조선의 또 다른 역사가 생기지는 않았을지 자못 궁금해진다.

어려운 순간 빛을 발하는 충신

子曰 歲寒然後 知松栢之後彫也

자왈 세한연후(에) 지송백지후조야(니라)

자한(子罕)

세한(歲寒)은 말 그대로 날이 추워졌다는 의미이다. 또 한편으로는 세상이 어지러워졌다는 의미도 담고 있다. 가장 어려운 가운데서도 신념을 잃지 않고 지켜가겠다는 굳은 의미를 세한심(歲寒心)이라 하며, 시절이 버거워도 지조를 지키겠다는 맹세를 세한맹(歲寒盟)이라 한다. 또한 세한맹으로 지키려 하는 지조를 세한조(歲寒操)라 한다.

세한연후(歲寒然後)에 지송백지후조야(知松栢之後彫也)니라를 풀이하면 날이 추운 뒤에야 소나무와 잣나무가 늦게 시드는 것을 알게 된다는 말이다. 이는 세상이 어지러울 때야 비로소 충신을 알아볼 수 있다는 의미로 읽힌다.

시절이 태평성대할 때 충신이 되는 것은 쉬운 일이다. 하지만 어려운 시기에 충신이 되는 것은 쉽지 않은 일이다. 감당해야 할 일도 없고, 위험도 많이 따르는 일이기 때문이다. 그런 의미에서 안중근 의사처럼 서슬 퍼런 일제시대에 독립운동을 한 사람은 진정한 충신이라고 할 수 있을 것이다.

자신이 행한 행동처럼 이 구절을 좋아한 안중근 의사는 1910년 3월 만주 뤼순 감옥에서 수감생활을 할 당시 이 구절을 옮겨 적었다고 한다. 흰 눈가득 쌓인 세상에 고고하게 가지를 펴고 서 있는 소나무가 새삼스럽게 눈에 선명하다.

옷은 그 사람을 보여주는 또 다른 얼굴

君子 不以紺緅飾 紅紫 不以爲褻服
군자(는) 불이감추식(하시며) 홍자(로) 불이위설복(이러시다)

향당(鄕黨)

'민폐 패션'이라는 말이 있다. 때와 장소에 어울리지 않는 옷을 입는 이를 일컫는 말이다. 옷차림을 결정할 때 유념해야 하는 T(Time), O(Occasion), P(Place)를 생각하지 않고 개념 없이 옷을 입은 사람은 영락없이 민폐 패션이라는 말을 듣게 된다.

공자께서 군자(君子)는 불이감추식(不以紺緅飾)하시며 홍자(紅紫)로 불이위설복(不以爲褻服)이러시다를 말씀하신 것도 때와 장소에 맞는 옷차림을 하라는 의미로 하신 말씀이다. 이 구절을 풀이하면 군자는 보라색과 붉은색으로 옷깃을 장식하지 않는다. 다홍색과 자주색으로 속옷을 만들지 않는다지만, 그 말 속에 들어가 보면 때와 장소에 어울리는 옷을 입으라는 것으로 풀이할 수 있다.

공자께서는 옷차림에 있어서도 꽤 많은 신경을 쓰셨다. 날이 더울 때는 살이 비치는 것을 피하기 위해 속옷을 입은 뒤에야 갈포로 만든 홑옷을 입고 외출했으며, 봄과 가을에는 겹첩(袷褶)이라고 해서 두 겹으로 지은 옷을 입으셨다. 또한 겨울에는 모피로 안을 댄 구(裘)라는 갖옷을 입은 뒤에야 외출하셨다.

옷차림은 실용성뿐 아니라 때와 장소, 목적에 적당한지를 살피고 입는 것이 맞다. 옷은 그 사람을 보여주는 또 다른 얼굴이기 때문이다.

외모를 보고 판단하지 마라

子曰 論篤是與 君子者乎 色莊者乎
자왈 논독(을)시여(면) 군자자호(아) 색장자호(아)
선진(先進)

사람의 첫인상을 판단하는 데 걸리는 시간은 3초라고 한다. 그 찰나의 시간 동안 사람의 인상과 행동을 보며 판단하는 게 첫인상이다. 그런데 3초라는 짧은 순간의 판단이 얼마나 많은 진실을 담보할 수 있을까? 뚜렷한 이목구비와 훤칠한 외모에 의지한 채 속에 감춰진 진실을 못 보는 것은 아닌지 의심스러울 때가 있다.

공자께서도 이러한 고민에서 자유로울 수 없었던 모양이다. 자왈(子曰) 논독시여(論篤是與)면 군자자호(君子者乎)아 색장자호(色莊者乎)아는 첫인상으로 사람을 평가하는 걸 경계하는 말씀이다. 이 말을 풀이하면 변론을 잘 한다고 하지만 과연 그가 군자일까? 외모만 장중한 사람이 아닐까? 라고 말씀하신 것이다.

사실 누군가를 안다는 건 어려운 일이다. 오랫동안 지켜봐 온 사람이 전혀 예상치 못한 행동을 하는 경우도 허다하다. 그러나 여기서 중요한 건 어떤 사람에 대한 평가가 번듯한 외모, 수려한 말솜씨에 기인하지는 말아야 한다는 점이다.

겉모양은 볼품없지만 우리 몸에 좋은 된장처럼 외모에 가려 속에 감춰진 진심을 파악하는 것이 진정으로 좋은 사람을 알아보는 방법이다. 그래야만 좋은 이간끼리 교류하는 기쁨을 누릴 수 있다.

걱정이나 두려움 없이 제 갈길을 가라

子曰 君子 不憂不懼
자왈 군자(는) 불우불구(니라)
안연(顏淵)

공자의 제자 가운데 사마우(司馬牛)라는 사람이 있었다. 어느 날 사마우는 자신의 형이 송나라에서 반란을 일으켰다는 소식을 전해 들었다. 그 날부터 사마우는 하루도 마음 편히 있지를 못했다. 혹시라도 공자와 동료들이 자신을 형과 같은 편으로 생각하지 않을까 불안해서였다.

마음을 졸이던 사마우가 공자께 답을 구하고 싶은 마음에 군자(君子)가 무엇인지를 여쭈었다.

그러자 공자께서 사마우의 마음을 다 아신다는 듯 군자는 불우불구(不憂不懼)니라라고 말씀하셨다. 이 말은 군자는 근심하지도 두려워하지도 않는다는 말이다. 공자께서는 불안해하는 사마우의 마음을 꿰뚫어보고 계셨다. 그러면서 형이 반란을 일으켰다 할지라도 사마우는 스스로의 길을 걸으면 된다고 넌지시 말씀하신 것이다.

실제로 우리들 마음 속에 있는 불안 가운데 90퍼센트는 아직 일어나지 않은 일에 대한 불안이라고 한다. 지금하고 있는 업무가 제대로 진행이 안 되면 어쩌지? 아이들 성적이 떨어지면 어쩌지? 등의 고민은 실제 일어나지 않은 일이며 그 불안이 실제가 될지 아닐지는 살아봐야 안다. 즉 스스로의 노력 여하에 따라 그 불안이 현실이 될지 아닐지가 결정되는 것이다. 걱정이나 두려움 없이 현실에 집중해 제 갈 길을 걸어가는 것, 그것이 삶의 어려움을 없애는 최선의 방법이다.

내 마음에 허물이 없다면

子曰 內省不疚 夫何憂何懼
자왈 내성불구(어니) 부하우하구(리오)
안연(顏淵)

공자의 말씀을 듣고 어느 정도 마음을 가라앉혔지만 사마우는 다시 근심
에 휩싸였다. 공자가 살던 춘추전국시대에 반란을 일으킨다는 건 삼족을 벌
주는 중대 범죄였기 때문이다. 사마우는 다시 한번 공자께 '근심하지 않고
두려워하지 않는 것만으로 군자라 하겠습니까?' 라고 여쭸다.

그러자 공자께서 하신 말씀이 내성불구(內省不疚)어니 부하우하구(夫何憂
何懼)리오였다. '스스로 내면을 살펴서 잘못이 없으면 무엇을 걱정하고, 두
려워하겠는가?' 라고 말씀하신 것이다. 사마우의 마음에 허물이 없고 떳떳하
다면 걱정하거나 두려워하지 말라는 의미였다.

세상을 살아간다는 건 어쩌면 걱정과 근심을 등에 지고 간다는 것과 같은
것이다. 사람에게는 이루고 싶은 욕망과 취하고 싶은 욕망이 있기에 걱정과
근심은 욕망 뒤에 따라오는 부속물과 같은 존재이다. 그러나 스스로를 돌아
보았을 때 허물이 없고 떳떳하다면 걱정하거나 두려워하지 말고 자신의 길을
가는 것 또한 방법이다.

그러나 여기에는 어려운 과제가 하나 따라온다. 바로 스스로를 돌아보았
을 때 허물없이 떳떳해야 한다는 점이다. 가슴에 손을 얹고 생각해 자신에게
떳떳한 사람이 얼마나 될지를 생각하면 내성불구(內省不疚)어니 부하우하구
(夫何憂何懼)리오가 그리 가볍게 다가오지만은 않을 것이다.

참다운 바탕을 쌓다

君子 質而已矣 何以文爲
군자(는) 질이이의(니) 하이문위(리오)
안연(顔淵)

이 구절은 문(文)과 질(質), 즉 바탕과 외연에 대한 논쟁을 보여주는 구절이다. 이야기의 발단은 공자께서 제나라에 입성한 뒤 당시 제나라 재상이던 안자(晏子)와 견해 차이가 생기면서 시작됐다. 안자는 극도로 근검절약하는 사람이었고, 공자는 어느 정도 풍요한 생활을 인정하는 입장이었다. 그런데 문제는 제나라의 군주인 경공이 몹시 사치스러웠다는 데 있었다. 공자께서는 원하던 원하지 않던 제나라의 군주인 경공의 입장을 들어주는 모양새가 되었고, 결국 안자는 공자의 정계진출을 막아버렸다.

군자질이이의(君子質而已矣)니 하이문위(何以文爲)리오는 공자의 제자인 자공과 위나라의 대부인 극자성(棘子成)이 나눈 대화 가운데 한 구절이다. 극자성은 군자는 본질만을 높이면 된다. 어째서 문식을 가하려 하는가를 묻고 있다. 본질만을 높이면 된다고 말하며 은근슬쩍 공자를 비판하고 있다. 즉 사물을 그 자체이도록 하는 고유한 성질인 본질만을 높이면 될 뿐, 겉만 그럴듯하게 꾸미는 문식을 가하지 않아도 된다고 하고 있다.

본질만을 높이면 될 뿐, 겉만 그럴듯하게 꾸밀 필요는 없다는 말은 외적인 디자인을 중시하는 요즘 풍토와는 다른 것일 수 있다. 그러나 아무리 빼어난 디자인이라도 내용물이 부실하면 환영받지 못한다는 것을 볼 때, 본질을 높여야 한다는 말에는 이의가 없을 것이다.

칭찬은 고래를 춤추게 한다

君子 成人之美 不成人之惡 小人反是
군자(는) 성인지미(하고) 불성인지악(하나니) 소인반시(니라)

안연(顏淵)

'칭찬은 고래를 춤추게 한다' 는 말이 있다. 몇 백 킬로그램의 거구인 고래까지 덩실덩실 춤추게 할 정도이니 칭찬이 갖고 있는 힘을 짐작할 수 있다. 칭찬은 묘한 구석이 있다. 하고자 하는 의지를 북돋아 더 잘하고 싶은 '의욕'을 이끌어내고, 잘할 수 있는 사람이라는 '자긍심' 을 생기게 한다. 칭찬을 통해 생긴 의욕과 자긍심이 성공적으로 일을 수행하는 기초가 된다는 점에서 칭찬은 긍정의 도미노를 만들어내고 있다.

군자(君子)는 성인지미(成人之美)하고 불성인지악(不成人之惡)하나니 소인반시(小人反是)니라는 칭찬은 고래를 춤추게 한다에 딱 들어 맞는 말이다. 군자는 남의 장점을 도와 성취하게 하고, 남의 단점을 눌러 악하지 않게 한다. 그러나 소인은 이와 반대로 한다라는 의미를 담고 있다.

이 구절에서처럼 칭찬의 또 다른 좋은 점은 단점을 눌러 악하지 않게 한다는 점이다. 저마다 단점을 갖고 있다. 그러나 단점만 지적하면 외려 그 사람에게 독이 될 수 있다. 바로 이것이 장점은 살리되 단점은 완화시켜야 하는 이유이다. 오늘부터라도 주변 사람들에게 칭찬을 해 장점을 극대화하고 단점을 완화시켜주는 건 어떨까?

칭찬을 통해 다른 사람의 기를 살려주고, 단점을 완화시켜주는 것, 거기서부터 군자의 길은 시작될 수 있다

따뜻한 바람으로 세상을 감싸다

君子之德風 小人之德草 草上之風 必偃
군자지덕풍(이요) 소인지덕(은)초(라) 초상지풍(이면) 필언(하느니라)
안연(顏淵)

노나라의 실권자이며 상경이었던 계강자(季康子)가 어느 날 공자에게 물었다. '나라에 범죄가 가득하고 죄를 짓는 사람들이 많습니다. 나라에는 마땅히 법이 제자리를 지켜야 할 것입니다. 사형제도를 확대해 죄짓는 자들을 벌주는 것이 어떻습니까? 그러자 공자께서 말씀하셨다. '백성이 함부로 죄를 짓는 것은 위정자에게 책임이 있습니다. 그러니 상경께서 먼저 백성의 마음을 살피고 선정을 베풀 수 있는 방법을 생각하시기 바랍니다.'

군자지덕풍(君子之德風)이요, 소인지덕초(小人之德草)라 초상지풍(草上之風)이면 필언(必偃)하느니라는 백성의 마음을 살피려 했던 공자의 마음이 담긴 구절이다. 이 말을 풀이하면 군자에게는 덕스런 바람이 일게 마련이다. 백성들은 마치 풀과 같은 존재라 군자의 덕스런 마음이 불면 백성들은 저절로 몸이 굽히게 된다는 의미를 담고 있다.

이 구절은 정치인들에게 들려주면 좋은 문구일 듯하다. 만약 정치인들이 국민을 덕으로 대했다면 오늘날과 같이 정치에 대한 불신이 팽배하지는 않았을 것이다.

모쪼록 국민을 덕으로 대하는 정치인들이 나타나 따뜻한 바람으로 세상을 감싸고, 국민을 감싸는 날이 오기를 기대해 본다.

화이부동과 동이불화

君子和而不同 小人同而不和
군자화이부동(하고) 소인동이불화(니라)
안연(顏淵)

　하루 중 가장 많은 시간을 보내는 공동체에서 우리는 많은 사람들과 함께 하고 있다. 그런데 공동체에 속한 사람들은 행동하는 바도, 생각하는 바도 모두 다르다. 공동체 속에 융합되어 화합하여 지내는 사람이 있는가 하면, 공동체에 속해 있으나 이해가 달라지면 언제든지 다른 길을 가는 사람이 있다.

　군자화이부동(君子和而不同)하고 소인동이불화(小人同而不和)니라는 이처럼 다양한 사람들의 모습에 부합되는 문구이다.

　군자는 화이부동(和而不同), 사람이 살아가는 도리에 맞춰 서로 화합하되, 도리에 맞지 않으면 절대 따르지 않는다. 소인은 동이불화(同而不和), 서로의 이익이나 기호가 같을 때만 함께 어울리다가 이해가 달라지면 언제든지 갈라선다는 의미이다. 화(和)는 자기만의 특성을 유지한 채 다른 사람과 하나로 융합하는 것을 말하며 동(同)은 자기만의 특성을 유지한 채 다른 사람과 융합하지 않고 오직 같은 척 꾸미는 것을 뜻하고 있다.

　지금 스스로의 모습은 어떠한가? 학교나 직장 등의 공동체에서 하나로 융합되는 화이부동을 취하고 있는지, 아니면 하나로 융합되지 않은 채 오직 그럴 듯하게 꾸미고만 있는 동이불화를 취하고 있는 건 아닌지 곰곰이 생각해 볼 일이다.

기쁨을 얻는 방법

子曰 君子 易事而難說也 說之不以道 不說也 及其使人也 器之
자왈 군자(는) 이사이난열야(이니) 열지부이도(면) 불열야(이오) 급기사인야(하면) 기지(니라)

자로(子路)

이순신 장군의 《난중일기》에 가장 많이 등장하는 기록 가운데 하나가 부하들의 처벌과 관련된 내용이다. 이순신 장군은 부하를 매우 아끼는 상관이었다. 밤늦게까지 술을 마시며 속 깊은 이야기를 나누곤 하였다. 그러나 부하들의 실책이 발견되면 가차 없이 처벌을 내리는 무서운 상관이기도 하였다.

군자(君子)는 이사이난열야(易事而難說也)이니 열지부이도(說之不以道)면 불열야(不說也)이오, 급기사인야(及其使人也)하면 기지(器之)니라의 구절처럼 이순신 장군은 섬기기는 쉬웠어도 기쁘게 하기는 어려웠던 사람인 듯하다. 이순신 장군의 휘하로 들어가 이순신 장군을 모시는 건 쉬웠지만 백성을 지켜야 한다는 기본 도리에 어긋나면 매우 엄하게 다스렸던 사람이었기 때문이다. 이 구절에서 중요한 건 열지부이도(說之不以道) 불열야(不說也)라는 문구이다.

도리가 아닌 방법으로 그를 기쁘게 해도 군자는 기뻐하지 않는다는 뜻처럼 도리에 맞게 제 역할을 해내지 않는다면 벌을 주어야 하는 게 상사의 역할이다. 나와 얼마나 가까운 사람인지를 따지는 게 아니라 옳은가 그른가를 따지는 것, 그것이 바로 선배의 역할이요, 상사로서 마땅히 해야 할 일일 것이다.

느긋하나 교만하지 않게

君子泰而不驕 小人驕而不泰
군자(는)태이불교(하고) 소인(은)교이불태(니라)
자로(子路)

군자태이불교(君子泰而不驕)하고 소인교이불태(小人驕而不泰)니라를 풀이하면 군자(君子)는 느긋하면서도 교만하지 않는다. 소인은 교만할 뿐 느긋하지 못하다는 의미를 담고 있다.

군자는 천리(天理)를 따르는 사람들이다. 여기서 말하는 천리란 하늘의 바른 도리를 이르고 있다. 하늘의 바른 도리를 깨친 사람이기에 군자는 언제나 태연함을 유지할 수 있는 것이다. 또한 천리를 알기에 이(利)를 탐하지 않으므로 자기를 자랑하거나 마음에 교만을 쌓아두지 않는다.

그러나 소인은 늘 스스로 천리를 거스르며 스스로를 수신(修身)하지 않으니 태연한 마음을 가지지 못한다. 주위에서 아무리 갖은 칭찬을 한다고 해도 이만을 생각하니 마음이 편할 수가 없다. 따라서 세상 지위가 올라가면 하늘 높은 줄 모른 채 교만하고, 원하는 지위를 얻지 못하면 원망과 불평을 늘어놓게 된다.

군자와 소인의 차이는 이 구절에서 적나라하게 드러나고 있다. 군자는 느긋하나 교만하지 않지만 소인은 교만할 뿐 태연하지 못하다.

마음을 조급하게 가지지 않되 그렇다고 너무 교만해 자만하지 않는 것, 그것 또한 한 걸음 한 걸음 좋은 사람으로서 앞으로 나아가는 일일 것이다.

끝없이 어짊을 추구하다

子曰 君子而不仁者 有矣夫 未有小人而仁者也
자왈 군자이불인자(는) 유의부(어니와) 미유소인이인자야(이니라)

레오나르도 다빈치는 '최후의 만찬'에 등장하는 예수님과 열두 제자의 모습을 현실감 있게 그리기 위해 모델 한 명 한 명의 섭외에 심혈을 기울였다. 멀리 유럽까지 수소문해 예수의 신성을 표현할 수 있는 모델을 섭외하였고 예수의 제자들 역시 그렇게 섭외를 하였다. 하지만 단 한 사람, 예수를 십자가로 이끌고 간 유다의 모습을 지닌 모델만은 찾을 수가 없었다. 2년간 불량배와 부랑자, 거지 등을 만났지만, 유다의 모습과 흡사한 모델은 어디에도 없었다. 그런데 어느 날 악하면서도 교묘한 모습을 지닌 사람이 다빈치의 화실로 찾아와 유다 모델을 자처하였다. 그의 모습은 다빈치가 생각한 유다의 모습 그대로였다. 다빈치는 그 사람을 모델로 하여 '최후의 만찬'을 완성하였다. 그런데 그 후 그 남자는 다빈치에게 자신이 과거 예수의 모델이었다는 놀라운 고백을 하였다. 2년 전 고귀한 모습이던 그 남자가 짧은 시간 동안 유다의 모습으로 변한 것이다.

이는 사람의 어짊이 쉽게 변할 수 있다는 걸 보여주는 예다.

군자로서 어질지 못한 사람이 있을 수는 있을 것이다. 그러나 소인이면서 어질게 하는 사람은 절대로 없다는 말처럼 공자 역시 군자가 완벽한 인격체가 아님을 이야기하였다. 그러나 여기서 중요한 것은 군자는 비록 지금은 어질지 않을지언정 끊임없이 어질어지기 위해 노력하는 사람이라는 사실이다.

함께 어우러져 살아가기

君子上達 小人下達
군자(는) 상달(하고) 소인(은) 하달(이니라)
헌문(憲問)

얼마 전 영아를 키우는 가정에 적지 않은 소동이 벌어졌다. 정부의 무상보육 확대 정책에 따라 영아도 무상보육의 혜택을 받게 되었다. 그러자 시설 좋은 어린이집에 예약하려는 신청이 줄을 이었다. 심지어 4천대 1의 경쟁률을 뚫어야 어린이집을 들어갈 수 있는 곳도 있었다. 그런데 이 신청과정에서 문제가 벌어졌다. 워킹맘의 경우 육아맘처럼 시간을 낼 수 없던 탓에 상대적으로 워킹맘의 신청이 늦을 수밖에 없었다.

정부의 무상보육 확대는 워킹맘의 사회참여가 늘면서 생긴 정책인데 반해 그 혜택의 수혜는 육아맘에 집중된 것이었다. 다행히 정부의 정책이 수정되면서 워킹맘과 다둥이 가정에 먼저 혜택을 주기로 결정되었지만, 지나치게 자신의 이익만 좇는 아쉬운 예가 되었다.

군자상달(君子上達)하고 소인하달(小人下達)이니라는 이런 경우 지침으로 삼으면 좋은 구절이다. 군자는 위로 가서 도달하고 소인은 아래로 처진다는 이 말은 의(義)를 추구하는 쪽으로 마음을 옮기면 군자가 되고, 이(利)를 추구하는 쪽으로 마음을 좇으면 소인이 된다는 것을 뜻하고 있다.

산다는 게 일종의 경쟁이 된 시대를 살아가면서 나의 이익을 좇지 말라는 말은 아니다. 그러나 나의 이익과 함께 공동체의 이익, 목표를 공유하는 것도 함께 살아가는 세상에 대한 예의이다.

내 자리에서 충실히

曾子曰 君子思不出其位
증자왈 군자사불출기위 (니라)
헌문(憲問)

'호랑이 없는 골에 여우가 왕'이라는 말이 있다. 호랑이가 없는 골에서는 여우가 왕 노릇을 할 수도 있다. 그런데 만약 그곳에 다시 호랑이가 나타난다면 어떻게 될까? 물론 호랑이와 여우의 싸움에서 여우가 운 좋게 호랑이를 이길 수도 있다. 정작 문제는 여우가 왕이 된 다음이다. 지금까지 왕 노릇을 해본 적이 없는 여우는 왕의 역할에 대해 모를 수밖에 없다. 수많은 동물이 어우러져 사는 터전에서 다른 동물을 다스리는 방법도, 배려하는 것도 경험해보지 못한 초보이다. 그렇게 되면 동물 사회는 혼란스러워질 수밖에 없다.

이런 까닭에 공자의 제자 가운데 한 명인 증자는 군자사불출기위(君子思不出其位)라는 말을 통해 군자는 자신의 자리를 벗어나는 생각을 하지 말 것을 강조하고 있다. 여우는 여우대로 자신의 굴을 지키고, 호랑이는 호랑이대로 골짜기 안의 동물을 순조롭게 다스리는 것이 세상의 이치라는 뜻을 담고 있다.

부모는 부모의 역할에 충실하고, 자녀는 자녀의 역할에 충실하며 사회인의 역할에 충실하게 사는 것이 세상이라는 톱니바퀴가 맞물려 자연스럽게 돌아갈 수 있는 방법이리라.

실천하지 못할 말, 이제 끝내자

子曰 君子 恥其言 而過其行
자왈 군자(는) 치기언 이과기행(이니라)
헌문(憲問)

성경에는 한 번 지나가면 다시 되돌릴 수 없는 세 가지에 대해 기술하고 있다. 첫 번째는 잃어버린 기회, 두 번째는 시위를 떠난 화살, 세 번째는 입에서 나온 말이다. 성경에서는 이 가운데 입에서 나온 말이 가장 무섭다고 이야기하고 있다.

입에서 나온 말의 무서움은 요즘 우리 사회의 모습에서 확인할 수 있다. 교실에서 배움에 열중하는 학생부터 숨 가쁘게 생활하는 직장인, 모범을 보여야 할 정치인까지 생각나는 대로 말하는 경우가 수두룩하기 때문이다.

문제는 쏟아져 나온 말들이 대부분 거친 말잔치로 끝난다는 것이다. 다른 사람에게 상처를 주는 말인지는 신경을 쓰지 않고, 공중에 흩어지는 말처럼 날려버리는 경우가 많다. 갈수록 말은 가벼워지면서 점점 거칠어지고 있다.

말로 인한 상처가 깊어지는 요즘, 그래서 군자(君子)는 치기언(恥其言) 이과기행(而過其行)이니라가 더욱 깊게 와 닿는다. 이 구절을 풀이하면 군자는 자신의 말보다 행실이 지나친 것을 부끄럽게 여긴다는 의미이다.

공자의 말씀처럼 행동에 비해 말이 앞선 것은 아닌지, 앞서 나가는 말에 대한 부끄러움을 느껴야 할 시점이다.

지혜로운 이는 미혹에 빠지지 않는다

子曰 知者不惑 仁者不憂 勇者不懼
자왈 지자불혹(하고) 인자불우(하고) 용자불구(니라)
자한(子罕)

지자불혹(知者不惑) 인자불우(仁者不憂) 용자불구(勇者不懼)는 지혜로운 사람과 어진 사람과 용기 있는 사람에 관한 구절이다. 중용(中庸)에서는 사람들이 보편적으로 갖추어야 할 세 가지 덕으로 지(知), 인(仁), 용(勇)을 삼달덕(三達德)이라고 칭할 정도로 중요시했다.

이 구절의 뜻은 지혜로운 사람은 미혹되지 않으며, 어진 사람은 걱정하지 않고, 용감한 사람은 두려워하지 않는다는 것이다. 어째서일까? 지혜로운 사람은 사리를 밝게 볼 수 있어 헛된 미혹에 빠지지 않는다. 어진 사람은 하늘의 도리, 즉 천도를 즐기므로 사사로운 욕심을 극복할 수 있어 특별한 근심에 빠지지 않는다. 용기가 있는 사람은 자신의 용기가 도의(道義)에 맞으므로 두려움없이 세상을 살아간다는 의미를 담고 있다.

그런데 왜 하필이면 지자불혹(知者不惑)이라는 말이 가장 앞을 차지하고 있는 것일까? 공자께서는 무지에서 오는 의혹(疑惑)이나 미혹(迷惑)을 가장 경계하셨다. 논어에서 여러 번 강조된 것처럼 학문을 통해 지혜를 얻지 못하면 군자가 갖춰야 할 인애(仁愛)도 쌓을 수 없으며, 도의(道義)를 바탕으로 한 용기도 가질 수 없다고 생각하셨던 까닭이다. 그래서 논어 집주(集註)에는 이렇게 하는 것이 배움의 순서라고 명시돼 있다.

부족하지만 의연하게

子曰 君子固窮 小人窮斯濫矣
자왈 군자(는)고궁(이니) 소인(은)궁사람의(니라)

위령공(衛靈公)

후대 사람들로부터 추앙을 받는 공자지만, 그 역시 생활인이었던 탓에 어렵고 힘든 순간을 보내야만 했다. 공자의 나이 63세 때 공자는 또 한 번의 고비를 맞았다. 공자가 초나라의 초청을 받아 초나라로 가는 길, 공자가 초나라로 가면 자국이 불안해질 것이라고 판단한 진나라와 채나라의 대부(大夫)들이 국경지대를 포위하였다. 두 나라의 포위 때문에 오갈 곳 없이 갇힌 신세가 된 공자와 제자들은 양식이 떨어지고 병에 걸리는 등 고난을 겪었다.

이때 무사 출신인 자로(子路)가 괄괄한 성격을 이기지 못하고 공자에게 '군자가 이렇듯 궁핍해야 합니까?' 라며 여쭈었다. 당시의 어려운 상황에 대한 울분이었다.

이에 공자께서 자로에게 하신 말씀이 군자(君子)는 고궁(固窮)이니 소인(小人)은 궁사람의(窮斯濫矣)니라였다. 이 말은 군자는 원래 궁핍하게 마련이다. 그러나 소인은 궁핍하면 문란한 짓을 하게 된다로 풀이할 수 있다. 더 설명하면 '군자 역시 궁핍한 때가 있다. 그러나 군자는 궁핍하다고 해서 소인들과 같이 문란한 행동을 하지 않는다' 라는 의미로 이해할 수 있다.

춘추전국시대는 끊임없이 전쟁이 벌어진 난세였다. 그러나 공자는 어려운 상황 속에서도 의연함을 잃지 않고 자신의 말을 그대로 실천하였다.

87

마땅히 가야 하는 올바른 길

子曰 君子 義以爲質 禮以行之 孫以出之 信以成之 君子哉

자왈 군자 의이위질(이오) 예이행지(하며) 손이출지(하며) 신이성지(하나니) 군자재(라)

위령공(衛靈公)

이 구절은 군자를 논할 때 가장 많이 인용되는 말 중 하나다. 군자는 의를 바탕으로 하고〔義以爲質〕 예를 행하고〔禮以行之〕 겸손하게 말하며〔孫以出之〕 신의로써 일을 매듭짓는다〔信以成之〕는 의미를 담고 있다.

공자께서는 의(義)는 일을 다스리는 근본으로, 근본이 확고하게 바탕을 이루고 있으면 그 다음에는 이를 생활에서 실천할 수 있는 절차인 예(禮)가 필요하다고 하셨다. 아무리 의가 옳다고 해도 예를 통하지 않으면 하지 않은 것만 못한 까닭이었다. 또한 의를 드러내기 위해서는 반드시 겸손함이 필요하며 성실한 사람만이 의를 완성할 수 있다고 강조하시는 것이다.

유교에서 인(仁)과 함께 거론되는 의는 사회 모든 사람들이 옳다고 생각하는 일이나 인간으로서의 올바른 길을 걷는 것을 말한다. 그러므로 의에는 효(孝)나 충(忠), 신(信)의 의미를 모두 포함시킬 수 있다. 실제로 의자는 양(羊)과 아(我)자가 합쳐서 만들어진 문자로 양가죽옷을 입고 나의 몸을 단정히 한다는 의미를 담고 있다.

나의 몸을 단정히 한다는 것은 사람 사는 도리를 지키며 바른 길을 걷는다는 것을 의미하는 것으로 인간으로서 마땅히 가야 하는 올바른 길을 뜻하고 있다.

남 탓을 하기 전에

> **君子 病無能焉 不病人之不己知也**
> 군자 병무능언(이오) 불병인지불기지야(니라)
> 위령공(衛靈公)

　현재 우리나라 최고의 방송인으로 평가받는 개그맨 유재석 씨는 누구보다 긴 무명시절을 지냈다. 방송에 출연하기 위해 갖은 애를 썼지만 카메라 앞에만 서면 생기는 '카메라 울렁증'은 번번이 그의 발목을 잡았다.

　사람은 힘겨운 순간을 겪을 때면 누구누구 탓을 하게 마련이다. 잘 풀리지 않는 인생사 때문에 생긴 생채기들이 주변 사람들을 원망하는 것으로 옮겨가는 까닭이다. 그러나 유재석 씨는 단 한 번도 주변 사람들에 대해 원망하지 않았다고 한다. 다만 자신의 무능을 탓하며 '한 번만 기회를 주시면, 단 한 번만 개그맨으로 기회를 주시면 초심을 잃지 않고 끝까지 열심히 하겠습니다'라는 기도를 올렸다고 한다. 이것만으로도 유재석 씨는 이미 군자의 자질을 갖춘 사람이다.

　공자께서 말씀하신 군자(君子) 병무능언(病無能焉)이오 불병인지불기지야(不病人之不己知也)니야처럼 자신의 무능을 걱정할 뿐 남이 자기를 알아주지 않는 것은 걱정하지 않았기 때문이다.

　마음 먹은 대로 일이 풀리지 않는다고 남을 원망하는 것은 쉬운 일이다. 그러나 그렇게 남 탓을 한다고 해서 달라지는 건 아무것도 없다. 남 탓을 하기 전에 나의 능력을 길러 더 나은 사람이 되는 것, 그것이 우리에게 필요한 자세이다.

의롭지 않은 부를 취하지 말라

子曰 飯疏食 飲水 曲肱而枕之 樂亦在其中矣
자왈 반소사 음수(하고) 곡굉이침지(라도) 낙역재기중의(니라)
술이(述而)

'와이로', '급행료', '떡값'은 모두 뇌물(賂物)을 지칭하는 비속어이다. 시대에 따라 뇌물을 뜻하는 말은 달라졌지만, 뇌물을 주고받는 행위는 여전히 남아 있다. 그런데 2500년 전 공자께서 사셨던 시기에도 뇌물은 있었던 듯싶다.

자왈(子曰) 반소사(飯疏食) 음수(飲水)하고 곡굉이침지(曲肱而枕之)라도 낙역재기중의(樂亦在其中矣)니라는 잡곡밥을 먹고 물을 마시고 팔을 굽혀 베개 삼고 살아도 그 속에 즐거움이 있다는 의미를 담고 있다. 의롭지 않은 부를 누리는 것보다 가진 게 없을지언정 거친 밥을 먹고, 팔을 굽혀 베개 삼고 지내는 게 훨씬 좋다는 말씀을 하고 계신 것이다.

하지만 공자의 말씀과는 반대로 뜬구름을 잡기 위해 의롭지 않은 재물을 탐하는 사람이 여전히 있다는 점을 생각하면 씁쓸해지기도 한다.

우스갯소리로 직장인들이 가장 행복할 때가 월급 이외의 공돈이 생길 경우라는 말도 있지 않는가?

그러나 의롭지 않은 돈을 취해 그것이 발각될까 전전긍긍하기보다는 차라리 거친 밥을 먹고 팔을 굽혀 베개 삼아 지내는 공자의 모습을 따라하는 게 부족한 재물을 가질지언정 마음 편히 살아갈 수 있는 방법일 듯싶다.

바르게 사는 길, 사람 사는 세상을 꿈꾸며

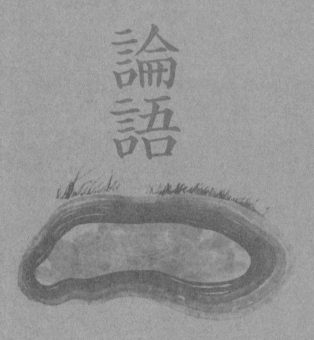

論語

제4장 [함께 가는 길]

함께 가니 즐겁지 아니한가?

멀리서 친구가 찾아오면

有朋自遠方來 不亦樂乎
유붕(이)자원방래(하니) 불역락호(아)
학이(學而)

　친구라는 이름은 언제 들어도 기분 좋은 말이다. 그런데 이상한 건 어릴 적에는 친구를 아무 사심 없이 만나는 게 가능했는데, 시간이 지날수록 친구와의 만남이 '목적이 있는 만남'처럼 되고 있다는 사실이다. 취직이나 청탁 등에 관한 부탁이나 경조사 참석, 인맥관리 차원으로 좁혀지고 있는 듯하다.

　그렇기에 공자께서 말씀하신 유붕자원방래(有朋自遠方來)하니 불역락호 (不亦樂乎)아가 더욱 가슴에 와 닿는다. '친구가 멀리서 찾아와 함께 어울리니 역시 반갑지 아니한가'라는 의미에는 사심 없이 친구를 만나던 시절의 풋풋함이 담겨 있기 때문이다.

　친구와의 관계 역시 초심을 잃을 수 있음을 아셨던 공자께서는 자원방래 (自遠方來)하니 불역락호(不亦樂乎)아가 성립하기 위해서는 먼저 도(道)가 같은 친구를 만나야 한다고 말씀하고 계신다. 이(利)를 충족하기 위해 가까이 하는 친구가 아니라 아무런 목적 없이 하늘의 뜻과 세상의 이치를 논할 수 있는 친구만이 만남을 기뻐할 수 있다는 의미이다.

　세상의 수많은 인간관계 중에서 그나마 사심 없이 대할 수 있는 존재가 친구이다. 친구와의 귀한 인연이 목적이라는 이름으로 퇴색되기 전에 내가 먼저 사심 없이 친구를 찾아가보는 건 어떨까?

그대는 좋은 사람을 구했는가?

子游爲武城宰 子曰 女得人焉爾乎
자유(이)위무성재(러니) 자왈 여(이)득인언이호(아)

옹야(擁也)

당나라의 황제 이세민에게는 위징이라는 신하가 있었다. 위징은 대쪽 같은 성격을 가진 이로 이세민에게 직설적인 간언을 서슴지 않았다. 아무리 '몸에 좋은 약이 입에 쓰다' 고 하지만 황제인 이세민에게 번번이 직언을 올리는 위징이 좋게 보일 리가 없었다. 이세민은 위징이 옳은 말을 할 때마다 머리 끝까지 화가 나서 '허리를 꺾어 죽여 버리겠다' 는 말을 수차례 하였다. 그러나 화를 삭이고 위징의 말을 곰곰이 곱씹어보면 위징의 말이 구구절절 옳은 말이라 차마 위징을 해할 수도 없었다. 결국 이세민은 위징의 간언을 받아들여 나라를 다스렸고, 그 결과 당나라의 전성기를 만들 수 있었다.

아무리 능력이 뛰어난 사람이라고 해도 혼자 할 수 있는 일은 아무것도 없다. 뜻을 모으고 마음을 모을 동료가 있어야 한다. 최근 들어 인적 네트워크가 성공의 요소 가운데 하나로 꼽히는 것 역시 사람이 일을 도모하는 출발점이기 때문이다.

그렇기에 읍장이 된 제자를 찾아가 '그대는 좋은 사람을 구했는가?' 라고 묻는 공자의 물음에 깊은 공감이 간다.

이 책을 읽고 있는 그대에게 묻고 싶다. 그대는 함께 일을 도모할 좋은 사람을 구했는가?

좁은 길을 가지 않는 사람

曰 有澹臺滅明者 行不由徑 非公事 未嘗至於偃之室也
왈 유담대멸명자(하니) 행불유경(하며) 비공사(어든) 미상지어언지실야(니이다)

옹야(雍也)

스승인 공자로부터 함께 일할 좋은 사람을 구했느냐는 물음을 받은 자유(子游)가 대답한 말이 유담대멸명자(有澹臺滅明者)하니 행불유경(行不由徑)하며 비공사(非公事)어든 미상지어언지실야(未嘗至於偃之室也)니이다.

이 말을 풀이하면 담대멸명(澹臺滅明)이라는 사람이 있는데 좁은 지름길로 다니지 않고 또한 공적인 일이 아니면 제 집에 찾아오지 않습니다라는 말이다.

좁은 길로 다니지 않는다는 의미는 옳지 않은 일을 하지 않는다는 의미이며 공적인 일이 아니면 집에 찾아오지도 않는다는 말은 개인적인 이익을 취하는 사람이 아니라는 의미이다. 즉 공적인 일을 도모하기에 딱 좋은 사람이라는 의미이다.

자유로부터 좁은 길로 다니지 않는 사람이라는 평가를 받은 담대멸명은 후에 제자를 3백 명이나 둔 큰 스승이 되었다.

고운 향기처럼 세상을 물들이는 선행

君子 疾沒世而名不稱焉
군자(는) 질몰세이명불칭언(이니라)
위령공(衞靈公)

지난해 구세군 자선냄비에 1억 1천만 원짜리 수표가 들어 있어 화제가 되었다. 1928년 구세군이 거리 모금을 시작한 이래 가장 큰 금액인 1억 1천만 원의 수표는 우리 사회에 나눔의 의미를 다시 한번 알려주는 계기가 되었다.

'왼손이 하는 일을 오른손이 모르게 하라'는 말이 있지만, 선행은 많은 사람들이 알게 하는 것이 좋다. 나눔이 주는 긍정의 향기를 더 많이 퍼뜨리는 계기가 되기 때문이다.

군자(君子) 질몰세이명불칭언(疾沒世而名不稱焉)이니라는 말 역시 선행을 여러 사람이 알게 하라는 의미를 담고 있다. 구절만 풀이하면 군자는 죽을 때까지 이름이 나지 않는 것을 부끄러워해야 한다는 것이지만, 이는 글자의 의미로만 풀이해서는 안 된다. 세상에 이름을 내는 이유가 오직 선(善)을 행하기 위한 것으로 한정하고 있기 때문이다.

어려운 이들을 돕는 선행은 아무리 감추려고 해도 비단 향낭처럼 향기를 내뿜으므로 가급적 많은 이들이 선행에 동참할 수 있도록 알리고 또 알리라는 의미이다.

모쪼록 많은 이들이 선행을 지속해 선행의 고운 향기가 세상을 물들이는 날이 오기를 기대해 본다.

나를 살펴서 부족한 점을 깨닫는다

子曰 君子求諸己 小人求諸人
자왈 군자(는)구제기(오) 소인(은)구제인(이니라)
위령공(衛靈公)

세계적인 경기침체로 내수경기가 침체되면서 20~30대의 취업률 감소가 사회적인 문제로 대두되고 있다. 좁아진 취업관문을 통과하기 위해 낙타가 바늘구멍을 뚫듯 해외연수와 인턴경험 등 스펙을 쌓기 위해 노력하고 있지만, 학습 실력은 증가하는 반면 인성의 함양은 부족한 듯싶다.

이는 취업 담당자의 이야기를 들어보면 더욱 여실하게 드러난다. 자신의 스펙을 어필하며 면접관 앞에서 턱없이 높은 연봉을 요구한다던가, 면접관 앞에서 예의를 지키지 않는 경우가 있다. 심지어 면접장소에 부모님과 함께 나타나 취업을 요청한다고 하니 놀랍기까지 하다. 취업이 어렵다는 현실에 힘겨워하며 인성의 개발은 등한시하고 취업을 위한 외형적인 결과물에 집중한 결과이다.

이런 경우 필요한 말이 자왈(子曰) 군자구제기(君子求諸己)오 소인구제인(小人求諸人)이니라이다. 군자는 모든 것을 자기에게 찾고 구한다.

소인은 모든 것을 남에게 찾고 구한다는 의미를 담은 이 말은 남 탓, 사회 탓을 하는 이들에게 귀한 가르침을 주고 있다.

목적을 위한 스펙 쌓기와 더불어 인성이라는 그릇의 바탕을 함께 키워야 하는 이유이다.

긍지를 가지되 다투지 않는다

子曰 君子矜而不爭 羣而不黨

자왈 군자(는)긍이부쟁(하며) 군이부당(이니라)

위령공(衛靈公)

사람에게 있어 자긍심은 상당히 중요하다. 자신에 대해 긍지를 갖고 있는 사람은 비록 지금 처한 현실이 미천할지라도 스스로를 지탱하는 자긍심을 바탕으로 성취의 도움닫기를 할 수 있기 때문이다. 부모들이 자녀 교육의 덕목으로 자신감을 심어주고 칭찬을 많이 해주라고 강조하는 것 역시 자녀를 자긍심을 가진 사람으로 성장시키기 위한 목적을 가지고 있다.

긍이부쟁(矜而不爭)하며 군이부당(羣而不黨)이니라는 말처럼 군자는 누구보다 자긍심이 강한 사람들이었다. 군자는 긍지를 가지되 다투지 않고, 함께 어울리되 함부로 다투지 않았다. 이는 자신이 갖고 있는 자긍심을 다른 사람에게 강요하지 않고, 나와 다른 사람의 자긍심에 대해 우위를 따지지 않은 덕분이었다.

간혹 자긍심과 자존심을 혼동해 자신의 뜻을 굽히는 걸 자긍심을 훼손하는 것이라 생각하는 경우가 있다. 그러나 자긍심은 남에게 뜻을 굽힌다고 훼손되는 것이 아니다. 자긍심은 스스로의 긍지가 떨어졌을 때 훼손되는 것이므로 자신의 긍지를 높이기 위해 마음을 닦고 능력을 기르는 것이 옳은 방법이다.

이상적인 세상을 꿈꾸며

子曰 甚矣 吾衰也 久矣 吾不復夢見周公
자왈 심의(라) 오쇠야(여) 구의(라) 오불부몽견주공(이로다)
술이(述而)

공자께서 평생 꿈꾸고 원한 세상은 예로 가득한 세상이었다. 이런 세상을 생전에 보고 싶어 공자께서는 절치부심하였으나 나이 들어 노쇠할 때까지 이 같은 세상을 보지 못한 것을 매우 안타까워하셨다.

자왈(子曰) 심의(甚矣)라 오쇠야(吾衰也)여 구의(久矣)라 오불부몽견주공(吾不復夢見周公)이로다에서 심(甚)은 정도에 심하다는 말이다. 쇠(衰)는 약해지다, 기운이 없어지다라는 말이며 주공(周公)은 주(周) 문왕(文王)의 아들이며, 무왕(武王)의 아우를 일컫는 것이다.

이 말을 풀이하면 오랫동안 꿈에서 주공을 보지 못 했구나 라는 말이다.

주공은 무왕을 도와 은나라의 유명한 폭군인 주(紂)를 몰아내고, 자신의 조카인 성왕(成王)을 도와 주의 기초를 세우고 제도와 예악을 바로 세웠다. 이것이 바로 주나라와 주공이 이룩한 세상이었으며, 공자께서 그렇게도 원하시던 가장 이상적인 사회였다.

그러나 공자의 간절한 바람에도 불구하고 세상은 갈수록 어지러워지고, 혼탁해져만 갔다.

공자에게 지나간 시간은 우리에게도 공평하게 지나간다. 공자가 꿈을 이루지 못한 것처럼 어쩌면 우리도 젊은 날의 꿈을 이루지 못할지도 모른다. 아직 젊은 시절이 남아 있을 때 우리의 꿈을 다시 한번 생각해 보자.

학문에 열중하면 저절로 밥이 생긴다

學也 祿在其中矣 君子 憂道 不憂貧
학야(에) 녹재기중의(니) 군자(는) 우도(요) 불우빈(이니라)

위령공(衛靈公)

지금의 50~60대 가운데는 어려운 가정 형편에도 불구하고 신분상승을 이룬 '개천에서 용난' 경우가 있다. '개천에서 용난' 사람들의 대다수는 시골의 가난한 집안에서 태어난 장남이었다. 딱히 이렇다 할 뒷배경이 없던 이들이 신분상승을 이룰 수 있는 방법이라고는 고시합격이나 대기업 취직밖에 없었다.

집안의 명운을 걸고 밤을 낮삼아 공부하던 이들의 마음을 대변해주는 문구가 학야(學也)에 녹재기중의(祿在其中矣)니 군자(君子)는 우도(憂道)요 불우빈(不憂貧)이다. 이 구절을 풀이하면 '학문에 열중하면 저절로 벼슬과 먹을 것을 구할 수 있다. 군자는 근본이 되는 도의 실천을 걱정하는 것이지 가난을 걱정하는 것은 아니다' 라는 의미를 담고 있다.

비록 공자께서는 벼슬과 먹을거리를 위해서 공부하는 것은 아니라고 말씀하셨지만, 시골에서 힘겹게 농사를 짓는 부모님과 동생들의 부양을 위해 열심히 공부한 장남들 역시 군자의 도를 실천한 이들이라고 할 수 있지 않을까?

언제나 바람은 분다

君子 貞而不諒
군자(는) 정이불량(이니라)
위령공(衛靈公)

공자께서는 언제나 신의(信義)를 강조하셨다. 그런데 신의를 강조하신 것과 달리 군자(君子) 정이불량(貞而不諒)이니라에서 만큼은 신의를 저버리는 말씀을 하고 있다.

구절을 풀이하면 군자는 곧고 바르지만 그렇다고 소신만을 맹목적으로 믿거나 고집하지 않는다는 말로 정리할 수 있다.

더 풀어 말하면 자신이 학문을 익히고 덕행을 쌓은 대로 신의를 지켜야 하지만 자신의 뜻을 다른 사람들에게 인정받기 위해서는 고집을 부려서는 안 된다는 의미이다.

정이불량(貞而不諒)이니라에서 정(貞)은 바르고 곧다는 말이다. 특히 정이라는 말에는 절조(節操), 굳고 곧다는 의미까지 포함돼 있다. 그러나 량(諒)은 아량이 좁고 판단을 잘못해서 무조건 믿는다는 의미를 담고 있다.

그러나 비록 량이라는 말이 융통성 부족한 소인을 가리키는 것이라 해도 차라리 이만한 신의와 믿음을 지닌 소인이라도 자주 볼 수 있었으면 한다.

세상을 살면서 경계해야 할 세 가지

君子有三戒 少之時 血氣未完 戒之在色 及其壯也
군자유삼계(하니) 소지시(에) 혈기미완(이라) 계지재색(이오) 급기장야(에)
血氣方剛 戒之在鬪 及其老也 血氣旣衰 戒之在得
혈기방강(이라) 계지재투(요) 급기로야(에) 혈기기쇠(라) 계지재득(이니라)
계씨(季氏)

나이에 따라 마땅히 해야 하는 일이 있듯, 특별히 경계해야 하는 것들도 있다. 위의 구절은 공자께서 연령대에 따라 경계해야 할 것들을 일러주신 말씀이다.

20세 이전에는 혈기가 안정되지 않았으므로 여색을 경계해야 하며[少之時 血氣未完 戒之在色], 30세를 이후한 장년기에는 몸이 굳세고 단단하기 때문에 싸움을 경계해야 하며[及其壯也 血氣方剛 戒之在鬪], 40세 이후의 노년기에는 몸이 약해지기 때문에 욕심 즉, 노욕(老欲)을 경계해야 한다[及其老也 血氣旣衰 戒之在得]고 말씀하셨다.

이 구절에서 특별히 눈여겨 볼 말은 계(戒)이다. 단순한 규율이 아니라 뾰족한 세 모서리를 지닌 창으로 찔러댄다는 의미로 경계하지 않았을 경우 죽기 일보직전의 고통을 겪을 수 있음을 상징하고 있다.

연령대별로 경계해야 할 세 가지는 지금 우리 사는 세상에서도 정확하게 들어맞는 말이다. 20대는 여색을 조심하고 30대는 싸움을 경계하며, 40대는 욕심을 경계해야 함을 유념하자.

두려워할 줄 아는 사람이 군자

君子有三畏 畏天命 畏大人 畏聖人之言
군자(이) 유삼외(하니) 외천명(하며) 외대인(하며) 외성인지언(이니라)
小人 不知天命 而不畏也 狎大人 侮聖人之言
소인(은) 부지천명 이불외야(라) 압대인(하며) 모성인지언(이니라)

계씨(季氏)

공자께서는 덕행을 키워나가야 하는 제자들에게 자신의 행동을 엄격하게 유지할 것을 주문하셨다. 잠시라도 몸과 마음이 흐트러져 인(仁)이 사라져 버리면 군자 역시 소인과 똑같은 짓을 저지를 수 있기 때문이다.

공자는 군자가 두려워해야 할 것으로 천명(天命)과 대인(大人), 그리고 성인(聖人)을 꼽고 있다. 천명은 생명의 근원인 하늘의 절대적인 명령이므로 반드시 두려워해야 하고, 대인은 하늘의 도리를 따르는 사람이기에 두려워해야 하며, 성인은 끝없는 가르침을 주는 이들이기에 두려워해야 한다고 한다.

이 구절에서는 가장 눈여겨 볼 말은 외(畏)이다. 외는 절대적으로 두려워한다는 뜻을 담고 있는 것으로 공자께서는 군자와 소인의 가장 큰 차이를 두려움이 있느냐 없느냐의 차이로 보고 있다. 소인은 정신적·육체적으로 자신의 이익만을 채우려고 하기 때문에 천명은 물론 대인과 성인의 가르침을 두려워하지 않고 거리낌없이 살아가고 있다고 했다.

두려운 존재가 있다는 것은 스스로에게 도움이 되는 일이다. 자신의 행동을 끊임없이 되새김질하는 기회를 주기 때문이다. 요즘 아이들이 버릇 없다고 말하는 것도 아이들을 제어하는 부모님의 엄격함이 사라졌기 때문이다. 두려운 것을 두려워할 줄 아는 게 필요한 이유이다.

닭을 잡는데 어찌 소 잡는 칼을 쓰랴

子之武城 聞弦歌之聲 夫子莞爾而笑曰 割鷄焉用牛刀

자(이)지무성(하야) 문현가지성(하시다) 부자(이)완이이소왈 할계(에)언용우도(리오)

양화(陽貨)

공자의 제자 가운데 한 명이던 자유(子游)가 무성이라는 곳의 읍재(지금으로 치면 읍장)가 되었다. 어느 날 공자께서 자유를 만나기 위해 무성을 방문했다가 그곳에서 거문고를 타며 노래하는 소리를 들었다고 한다.

거문고 소리를 듣던 공자가 빙그레 웃으면서 하셨다는 말씀이 자(子)이 지무성(之武城)하야 문현가지성(聞弦歌之聲)하시다 부자(夫子)이 완이이소왈(莞爾而笑曰) 할계(割鷄)에 언용우도(焉用牛刀)리오였다. 이 말을 풀이하면 닭을 잡는데 어찌 소 잡는 칼을 쓰느냐? 였다. 무성은 지금으로 치면 작은 지방 소도시였기 때문에 이곳에서 큰 나라를 다스리는 데나 필요한 예와 악을 쓰는 것은 마치 닭을 잡는데 소 잡는 칼을 사용하는 것과 같은 경우라고 보신 것이다.

물론 이 말은 아끼는 제자가 읍재가 되어 마을을 어질게 다스리는 걸 기특하게 여긴 공자의 농담 섞인 말이지만, 닭 잡는 칼과 소 잡는 칼은 달라야 한다는 공자의 생각이 읽히는 대목이다.

도구던지 사람이던지 사용목적에 따라 알맞게 사용되어야 한다. 턱없이 좋은 도구를 사용한다고 해도 그것이 닭을 잡는 용도라면 그 도구는 거추장스러운 물건이 될 것이며, 능력도 없는 사람이 높은 자리를 탐하는 것은 지나치게 욕심을 내는 처사가 될 것이다.

먼저 도를 생각하며

子曰 君子 謀道 不謀食 耕也 餒在其中矣
자왈 군자(는) 모도(요) 불모식(하나니) 경야(에) 뇌재기중의(요)
위령공(衛靈公)

학문(學文)과 지식을 쌓는 가장 좋은 방법은 매일 꾸준하게 몰입하는 것이다. 그래서 공자께서는 온 정신을 늘 학문(學文)을 연마하고 덕행(德行)을 쌓으며, 인애(仁愛)를 실천하는 데 둘 것을 요구하셨다. 그러나 마음이 흔들려 생계를 걱정하고, 벼슬을 탐하게 되면 그동안 힘들게 쌓아 올린 학문과 덕행의 자세가 일순간에 무너져내리는 난관을 겪게 된다. 이 같은 가르침은 공자께서 자신의 일생 동안 무수한 고난 속에서도 몸과 마음으로 직접 실천한 결과로 결코 말만 앞세운 다른 사람들의 가르침과는 그 본질이 다른 것이다.

군자(君子)는 모도(謀道)요 불모식(不謀食)하나니 경야(耕也)에 뇌재기중의(餒在其中矣)요는 군자는 학문과 덕행을 쌓아서 도를 먼저 달성하고자 하지 생계를 먼저 걱정하지 않는다. 농사를 지어도 굶주릴 수 있기 때문이다. 여기서 모(謀)는 관심을 가지다라는 뜻이며, 경(耕)은 농사에 힘쓴다는 말이다. 뇌(餒)는 굶주림이나 기아를 의미한다.

공자께서는 농사를 짓는 사람들도 때로 병충해와 자연재해 등으로 농사를 망쳐 굶주리는 일을 겪기도 했다고 말씀하셨다. 비록 어려운 가운데서도 다른 것에 욕심내지 말고 자신이 해오던 그대로 학문과 덕행을 쌓으면 생계를 해결하는 것은 물론 원하는 대로 도를 이룰 수 있다고 조언하시는 것이다.

마음만은 언제나 크고 단단하게

君子 不可小知 而可大受也 小人 不可大受 而可小知也
군자(는) 불가소지 이가대수야(요) 소인(은) 불가대수 이가소지야(니라)

위령공(衛靈公)

일명 봉추(鳳雛)라고 불릴 정도로 대단한 지략과 모사를 지닌 방통(龐統)은 유비의 명에 의해 뇌양현이라는 작은 고을의 현령으로 보내졌다. 그러나 방통은 부임 뒤, 정사를 외면한 채 술독에 빠져 하루하루를 보냈다. 그러자 유비는 장비를 감찰관으로 보냈으나, 방통은 장비가 도착했음에도 불구하고 여전히 술에 취해서 일어날 줄 몰랐다.

장비가 화를 내는 모습을 보고서야 방통은 '이까짓 사방 백 리밖에 안 되는 사소한 고을에 결정 내리기 어려운 일이 무엇이 있겠소? 잠시만 기다리시오. 내가 금방 처리하고 술 한 잔 대접하리다.' 과연 방통은 반나절이 지나지 않아 마을에 쌓인 일들을 말끔히 처리했다. 방통의 학식과 경륜은 작은 시골 마을이 아니라 천하를 겨냥하는 큰일에 적합했던 것이다.

공자께서는 군자는 작은 일은 몰라도 큰일을 맡아서 해결할 수 있다. 소인은 큰일을 해결하지 못하지만 작은 일은 쉽게 해결할 수 있다고 말씀하셨다. 군자(君子)는 불가소지 이가대수야(不可小知而可大受也)요, 소인(小人)은 불가대수 이가소지야(不可大受而可小知也)니라에서 지(知)는 알고 또 다스린다는 말이다.

한편 소인들은 작고 세세한 업무에 능해서 사무직이나 금전출납과 같은 일들을 꼼꼼하게 처리할 수 있으므로 누구 일이 더 중요하고 덜 중요한지 경중을 따지는 것은 쉽지 않은 일이다.

정의롭지 않은 용기는 해악일 뿐

子路曰 君子尚勇乎 子曰 君子 義以爲上 君子
자로왈 군자(이)상용호(잇가) 자왈 군자(이) 의이위상(이니) 군자(이)

有勇而無義 爲亂 小人 有勇而無義 爲盜
유용이무의(면) 위란(이오) 소인(이) 유용이무의(면) 위도(니라)

양화(陽貨)

얼마 전 신문에 놀라운 기사가 나왔다. 중고등학교에 다니는 일진이 다른 학교의 일진과 싸움대결을 하도록 주선하는 인터넷 카페가 등장했다는 내용이었다. 그 카페는 대결을 원하는 쌍방을 연결해주고 그 대가로 소개료까지 챙겼지만, 일진간의 대결이 일방적인 폭력이 아니라 쌍방의 자발적인 대결인 탓에 처벌이 불가능하다는 기사였다. 폭력이 자신의 용맹스러움을 입증하는 것이라 생각하는 일진들의 삐뚤어진 폭력성에 걱정스러운 마음이다.

공자께서는 자로의 '군자는 용맹을 숭상합니까?' 라는 물음에 군자는 의를 으뜸으로 여긴다〔君子 義以爲上〕고 말씀하고 있다. 군자가 용맹하고 의가 없으면 난을 일으키고〔君子 有勇而無義 爲亂〕소인이 용맹하고 의가 없으면 도둑질을 하게 된다〔小人 有勇而無義 爲盜〕는 말씀이다.

여기서 말하는 의(義)는 정의(正義)를 말하는 것으로 정의를 근본으로 하는 용맹스러움만이 진정한 용기라고 하였다.

군자이든 소인이든 정의롭지 않은 용기를 갖고 있다면 반란이나 도둑질과 같은 해악을 끼친다는 것이다.

학교 폭력, 가정 폭력, 사회 폭력 등 폭력과 흉악범죄가 난무하는 지금, 정의롭지 않은 용기는 결국 해악일 뿐이라는 공자의 말씀이 새삼 무겁게 다가온다.

미워해야 할 것도 있다

子貢曰 君子亦有惡乎 子曰 有惡 惡稱人之惡者
자공왈 군자역유오호(잇가) 자왈 유오(하니) 오칭인지악자(하며)
惡居下流而訕上者 惡勇而無禮者 惡果敢而窒者
오거하류이산상자(하며) 오용이무례자(하며) 오과감이질자(이니라)
양화(陽貨)

인터넷과 SNS가 일상을 영위하는 축이 된 후 정보의 확산 속도는 빛처럼 빨라졌다. 정보가 빠르게 전달되는 만큼 이슈에 대한 반응도 실시간으로 전해지고 있다. 불처럼 번지는 이슈의 확산을 보여주는 예가 신상털기이다. 신상털기는 사회적으로 물의를 일으킨 사람의 사진, 이름, 직장, 핸드폰번호를 인터넷상에 공개하는 것이다. 쉽게 말해 불미스런 행동에 대한 미움을 사회적으로 응징하는 것이다.

물론 사회적으로 그릇된 행동을 한 건 미움을 받아 마땅하다. 그런데 한 사람을 사회적으로 매장시키려 하는 건 잘못에 대한 응징이 아니라 개인적인 울분이나 스트레스를 풀려는 행동인 것 같아 마음이 개운치 않다. 그렇다고 미운 걸 미워하지 말자는 의미는 아니다. 그릇된 행동이나 잘못은 미워해도 된다.

오죽하면 공자께서도 남의 잘못을 떠들어대는 것을 미워하고〔惡稱人之惡者〕, 아랫사람이 윗사람을 비방하는 것을 미워하고〔惡居下流而訕上者〕, 용맹하게 날뛰고 예절을 지키지 않는 것을 미워하고〔惡勇而無禮者〕, 꽉 막혀 사리에 통하지 않는 걸 미워한다〔惡果敢而窒者〕고 하셨겠는가.

분명 미워해야 할 건 있다. 그러나 신상털기와 같은 과격한 방법으로 미움을 표현한다면, 미움을 받는 대상과 우리가 다른 건 무엇이겠는가.

작은 것에 얽매이지 않는 이유

子夏日 雖小道 必有可觀者焉 致遠恐泥 是以君子不爲也
자하왈 수소도(나) 필유가관자언(이어니와) 치원공니(라) 시이(로)군자(이)불위야(이니라)
자장(子張)

위 구절은 공자의 제자 중 한 사람인 자하(子夏)가 한 말이다.

비록 아주 작은 도(道)라 할지라도〔雖小道〕 반드시 눈여겨 볼만한 점이 있을 것이지만〔必有可觀者焉〕 더 원대한 뜻을 이루는데 장애가 될 수 있으므로〔致遠恐泥〕 군자는 이를 배우지 않는다〔是以君子不爲也〕는 의미를 담고 있다.

여기서 소도(小道)는 이단 혹은 지향점이 작은 뜻이나 이론을 일컫는다. 풀어 말하면 농사, 의술(醫術), 점(占), 다도(茶道), 무도(武道) 등을 말하는 것으로 읽혀진다. 이 당시에는 농사나 의술, 점 등의 이론은 수준이 낮은 이론으로 치부되었다. 공자의 제자인 번지(樊遲)는 농사 짓는 법을 배우려다 무안을 당한 적도 있었다.

지금에 와서야 의학기술이나 과학기술이 인체의 원리를 파악해 건강을 담보해주고, 우주의 원리를 밝혀 인간의 풍요로운 삶을 보장하는 중요한 학문이 되었지만 공자께서 살던 2500년 전에는 몇 사람의 이익만을 위해 남용되는 경우가 많았기 때문이다.

지금 생각하면 얼핏 이해가 되지 않는 구석도 있으나 큰일에 집중하고 자질구레한 일에는 신경 쓰지 않는다는 군자불기(君子不器)의 우렁찬 목소리가 들려오는 것만 같다.

큰 뜻에 이르는 학문의 길

子夏曰 百工居肆 以成其事 君子學以致其道

자하왈 백공(이) 거사(하야) 이성기사(하고) 군자(이) 학(하야) 이치기도(니라)

자장(子張)

천지만물에는 저마다 정해진 길이 있다. 이 길은 도(道)라 불리는데 스승의 길은 사도(師道), 장사의 길은 상도(商道), 예술의 길은 예도(藝道)라고 불린다. 이밖에 정치, 바둑, 무예 등에도 각자 저마다 정진해야 할 길과 규범, 정신이 있게 마련이다. 그리고 이 길을 걷는 사람들은 자신의 자리에서 원하는 도를 얻고 있다. 그러나 공자께서는 다른 생각을 갖고 계셨던 것 같다. 직장이나 일터에서 이루는 것은 성사(成事)이며, 학문적인 수양을 통해 배우는 것은 치도(致道)라고 하셨다.

자하왈(子夏曰) 백공거사(百工居肆) 이성기사(以成其事)하고 군자학이치기도(君子學以致其道)니라는 바로 이러한 뜻을 담고 있는 말이다. 모든 기능공은〔百工居肆〕 작업 현장에서 일을 성취한다〔以成其事〕. 군자는 학문을 가지고 도를 실현한다〔君子學以致其道〕.

이 말은 군자가 도에 이르기 위해서는 오랜 세월 동안 많은 학문과 덕행을 쌓으며 각고에 걸친 노력을 기울여야만 가능하다는 뜻을 나타내고 있다. 즉 군자가 학문을 통해 이르는 도는 기능공이 수행하는 성사와는 비교할 수 없을 정도로 어려운 길이라는 것이다.

지나치게 학문에 우위를 둔 관점일 수 있으나 다르게 보면 그만큼 학문의 길을 완성하기 위해서는 각고의 노력이 필요하다는 뜻도 담겨 있는 구절이다.

삶을 대하는 세 가지 태도

君子有三變 望之儼然 卽之也溫 聽其言也厲
군자(이)유삼변(하니) 망지엄연(하고) 즉지야온(하고) 청기언야려(니라)
자장(子張)

흔히 엄숙하면 다른 사람을 따뜻하게 대하지 못하고, 마음이 부드러운 사람은 엄격함을 놓치기 쉽다고 생각한다. 이런 사례는 멀리서 찾을 것도 없이 지금의 부모 세대를 이루는 40~50대 아버지들만 봐도 알 수 있다. 이들은 마음속 깊은 곳의 따뜻함을 표현하지 못하고 자녀들에게 엄격한 모습만 보이다가 갈등을 일으키곤 한다.

공자께서는 군자의 태도가 세 가지로 다르게 표현된다고 말씀하셨다.

첫째가 망지엄연(望之儼然)으로 멀리서 보면 엄숙함과 근엄함이 느껴지는 것이다. 둘째는 즉지야온(卽之也溫)으로 가까이 다가가 대해보면 온화하면서도 포근함을 느끼는 것이다. 마지막으로 세 번째는 청기언야려(聽其言也厲)로 막상 가르침의 말씀을 들으면 지나칠 정도로 엄격함이 느껴지는 것이다. 이렇게 엄격함과 따뜻함, 그리고 엄숙함을 삼변(三變)이라고 하셨다.

공자께서는 엄숙하면서도 온화하고, 온화하면서도 엄격하며, 엄격하면서도 엄정한 군자삼변(君子三變) 태도를 유지하셨다.

스스로가 갖고 있는 삶의 태도는 어떠한 것인지 곰곰이 따져보도록 하자.

때로는 너그러움도 필요하다

子夏日 大德不踰閑 小德出入可也
자하왈 대덕불유한(이면) 소덕출입가야(니라)
자장(子張)

몇 년 전에 있었던 일이다. 국내 대기업에 다니던 직원이 갑자기 회사로부터 퇴사 명령을 받았다. 이유는 며칠 전 회사 앞 횡단보도에서 무단횡단을 하였다는 것이다. 억울하고 황당했던 그 직원은 인터넷에 자신의 이야기를 올려 억울한 사정을 알렸다. 무단횡단 때문에 퇴사를 당한 직원의 이야기가 퍼지면서 누리꾼들 사이에는 직원에 대한 동정론이 일었다. 그러나 직원이 다니던 대기업에서는 회사의 품위를 지키는 것 역시 직원의 의무라며 해당직원의 재입사를 거부하였다.

무단횡단을 하는 것은 공중도덕에 어긋나는 일임에 분명하다. 그러나 그것이 소중한 일자리를 박탈당할 정도로 치명적인 실수라고 할 수 있을까? 치명적인 실수는 엄하게 꾸짖어야 하지만 실수의 경중에 따라서는 너그럽게 용서를 해주는 것도 사람을 다스리는 방법 가운데 하나일 것이다. 꾸중을 들을까 가슴 졸이다가 너그럽게 용서를 받는다면 앞으로 더욱 행동을 조심할 게 분명하지 않겠는가.

누구보다 엄격하셨던 공자께서도 작은 덕목에서는 너그러움을 발휘하셨다.

공자의 뜻을 이어받은 제자 자하 역시 대덕불유한(大德不踰閑)이면 소덕출입가야(小德出入可也) 니라고 말하고 있다. 이 말을 풀이하면 충이나 효와 같은 큰 덕목은 지키는데 한계를 넘으면 안 되지만, 작은 덕목은 지키는데 한계를 넘나들 수 있다는 의미이다.

하류에 머물지 않는다

子貢曰 紂之不善 不如是之甚也 是以 君子惡居下流 天下之惡 皆歸焉
자공왈 주지불선(이) 불여시지심야(이니) 시이(로) 군자오거하류(하나니) 천하지악(이) 개귀언(이니라)

자장(子張)

많은 이들이 중국의 왕 가운데 가장 포악한 군주로 진시황(秦始皇)을 생각하는 경우가 많은데 진시황은 엄격한 철권통치를 했을 뿐, 개인적인 폭권을 행사하지는 않았다. 역대 중국의 왕 가운데 가장 포악한 폭군은 은(殷)나라의 마지막 임금인 주(紂)였다. 그는 애첩인 달기(妲己)에게 빠져 주지육림(酒池肉林)에서 쾌락을 즐기는 문란한 생활을 하였다. 또한 자신에게 간언을 하는 신하들에게는 가마솥에 빠져 죽게 하는 포락지형(炮烙之刑)을 내리며 기뻐했다. 주의 포악함이 워낙 극에 달하자 세상의 모든 물이 하류(下流)로 모여들 듯이 세상의 온갖 사악한 일들이 주가 행한 것이라는 소문이 났다. 어느 순간부터 주가 악의 축이 되어 세상의 온갖 나쁜 소문들이 그가 한 짓이라는 손가락질을 받게 된 것이다.

위 구절은 한 번 악행을 저지를 경우 오랫동안 씻겨지지 않고 사람들의 입에 오르내리게 되므로 군자라면 애초부터 하류에 머물 행동을 해서는 안 될 것을 얘기하고 있다.

한 번의 악행을 쉽게 생각하는 경우가 있다. 그러나 한 번의 악행은 두 번, 세 번으로 이어져 결국 인생의 하류로 빠지게 한다. 그러므로 한두 번의 악행을 쉽게 생각해서는 안 된다.

올곧은 사람으로 살지는 못할지언정 하류인생으로 살 수는 없지 않는가.

늘 자신의 잘못을 반성하며

子貢曰 君子之過也 如日月之食焉 過也人皆見之 更也人皆仰之
자공왈 군자지과야(는) 여일월지식언(이라) 과야(에)인개견지(하고)갱야(에) 인개앙지(니라)
자장(子張)

동양 문화권에서 달은 많은 상징성을 갖고 있다. 우리나라의 경우 달을 통해 하늘의 기운을 읽었고, 달을 향해 소원을 빌면서 바라는 바를 기원하였다.

군자지과야(君子之過也)는 여일월지식언(如日月之食焉)이라 과야(過也)에 인개견지(人皆見之)하고 갱야(更也)에 인개앙지(人皆仰之)니라는 동양권의 사람들이 갖고 있는 달에 대한 경배가 읽히는 구절이다.

이 구절을 해석하면 군자의 잘못은 일식이나 월식과 같다. 잘못을 저지르면 모든 이들이 보고, 잘못을 고치면 모두가 우러러본다고 풀이될 수 있다.

풀어서 설명하면 군자는 많은 사람들이 우러러보는 사람이기 때문에 군자의 잘못은 다른 사람의 눈에 띌 수밖에 없다. 그러므로 군자의 잘못은 많은 사람들이 알 수밖에 없고, 잘못을 고치면 모두가 다시 우러러본다는 의미이다.

즉 많은 사람들이 군자의 행동을 일식이나 월식을 보는 것처럼 주의깊게 보고 있으니 잘못을 하지 말아야 하며 잘못을 할지라도 신속하게 고쳐야 한다는 뜻을 담고 있다. 늘 자신의 행동을 조심하고, 반성하고 고치는 삶을 살아야 했던 군자의 노고가 눈에 보이는 것만 같다.

제대로 된 사람으로 거듭나기 위해

不知命 無以爲君子也 不知禮 無以立也 不知言 無以知人也
부지명(이면) 무이위군자야(이오) 부지례(면) 무이립야(이오) 부지언(이면) 무이지인야(니라)

요왈(堯曰)

여행을 떠날 때는 많은 준비가 필요하다. 입을 옷과 여권, 돈, 지도, 그리고 여행지에 대한 정보를 준비해야 한다. 하물며 여행이 이러한데 세상을 살아가는 데는 얼마나 많은 노력이 필요하겠는가.

부지명(不知命)이면 무이위군자야(無以爲君子也)이오 부지례(不知禮)면 무이립야(無以立也)이오 부지언(不知言)이면 무이지인야(無以知人也)니라는 세상에 나가기 위해 준비해야 할 것들을 알려주는 구절이다.

부지명(不知命)은 하늘의 천명(天命)을 알지 못한다는 말이다. 천명이란 무엇인가? 스스로를 향해서 하늘에서 명한 바이다. 하늘에서 명하는 바를 알지 못하면 작은 이(利)만을 찾아 헤매게 된다.

부지예(不知禮)는 예를 알지 못한다는 말이다. 사람이 예를 알지 못하면 다른 사람을 생각하지 않고 함부로 행동하게 되므로 어른답게 사회생활을 할 수가 없다. 또한 부지신(不知言)은 말을 제대로 할 줄 모르면 다른 사람을 제대로 다스릴 수 없다는 말이다.

머릿속에 영어 단어만 잔뜩 집어넣고, 주머니에 컴퓨터 관련 정보만 가득 집어넣으면 사회생활이 원만하게 될 것이라고 생각하는 부모와 젊은이들이 의외로 많다. 그러나 내가 제대로 준비된 사람을 만나서 사회생활을 하고 싶어하듯 상대방 역시 마찬가지이다. 내가 어떤 모습으로 세상에 나가야 할지 생각해 볼 시기이다.

함께 가는 길, 함께 가니 즐겁지 아니한가?

論語

제5장 [배움의 길]

앎의 즐거움

익힘을 게을리 하지 않았는가?

傳不習乎
전불습호(하니라)
학이(學而)

전불습호(傳不習乎)는 증자(曾子)가 말한 일일삼성(一日三省) 중 하나로 스승으로부터 전해받은 가르침을 충분히 익혔는가를 반문하는 내용이다.

우리는 많은 시간을 배움에 투자하고 있다. 책을 읽고 학원 수업을 듣고, 인터넷 강의를 들으면서 꽤 많은 시간을 투자해 자기계발을 하고 있다. 그런데 자기계발을 하면서도 늘 배움이 부족하다는 생각이 드는 건 왜일까?

바로 전불습호에서 강조하는 것처럼 습호(習乎) 즉 충분히 익히지를 못했기 때문이다. 쉽게 설명해 아무리 오랜만에 자전거를 타도 내 몸이 자전거 타는 법을 기억해 무리없이 타는 것처럼 배움의 내용이 내 몸에 체화되어야 하는데 그렇지 못했기 때문에 늘 배움에 목마른 것이다.

한 권의 책을 한 번 읽고, 인터넷 강의를 한 번 듣는다고 그것이 내 몸에 체화되는 배움이라고는 할 수 없다. 앎의 즐거움을 알기 위해서는 책 한 권을 한 번 읽는 배움이 아니라 두 번, 세 번 반복해 책의 내용이 내 머릿속에 온전히 저장되는 지식으로 만드는 노력이 필요하다.

학문을 배워야 한다

行有餘力 則以學文
행유여력(이면) 즉이학문(이니라)
학이(學而)

　지금의 장년층이 어린 시절 가장 많이 들었던 말 중 하나가 어른들께 인사를 잘하라는 말이었다. 하루에 몇 번씩 뵙는 동네 어른이라도 뵐 때마다 공손하게 인사를 드려야 한다고 배웠다. 또 하나 귀가 따갑게 들은 말이 아무리 공부를 잘 해도 부모에게 불효하고 형제간에 우애가 나쁘면 아무 소용이 없다는 말이었다. 배움이 짧은 부모님들이었지만, 삶의 경험과 지혜를 통해 공자와 비슷한 말씀을 하시게 된 것 같다.

　공자께서는 이 세상 어떤 일보다 학문을 닦는 일을 가장 중요하게 여기셨다. 군자가 되기 위해서는 필히 학문에 정진해야 한다고 말씀하셨는데, 이런 공자의 가르침은 맹자와 순자에게 이어져 학문이 인간의 본성까지 변화시키는 계기가 된다는 이론까지 만들어냈다.

　실제로 공자께서는 행유여력(行有餘力)이면 즉이학문(則以學文)이라는 구절을 통해 모든 것을 실천한 뒤 남는 여력이 있을 때 비로소 학문에 정진하라는 말씀을 하셨다. 이 말은 학문을 위한 학문은 아무런 소용이 없으며 오직 효(孝)와 인(仁)과 덕(德)을 위한 행(行)이 있어야만 진정한 학문으로서의 가치가 발휘될 수 있다는 가르침이었다.

　그런데 우리는 공자의 말씀과는 달리 돈과 지위, 명예와 권력을 얻기 위한 통과물로 학문을 이용하고 있는 건 아닐까?

공부하는 사람의 위엄

君子不重則不威 學則不固
군자(이) 부중즉불위(니) 학즉불고(니라)
학이(學而)

조선 초의 재상인 황희 정승은 오랜 동안 영의정에 재직하며 조선의 부흥에 커다란 역할을 하였다. 황희 정승은 부드러운 성격이었으나 소신을 펼칠 때는 단호했다. 그런데 밖에서의 황희 정승과 집에서의 황희 정승은 전혀 다른 사람이었다. 집에 돌아오면 아내의 말이나 종의 말이나 모두 옳다고 하며 따르는 역할에만 충실했다고 한다. 심지어는 그를 보필하는 종의 자식들까지 황희 정승의 사랑방에 드나들며 그의 간식을 탐했고, 심지어는 그의 수염을 잡아당겨 여러 사람을 혼비백산하게 만들었다고 한다. 그래도 여전히 황희 정승은 '이놈아 따갑다' 라는 소리만 연발할 뿐 좀처럼 화를 내는 일도 없었다고 한다.

군자(君子)이 부중즉불위(不重則不威)니 학즉불고(學則不固)니라에서 위(威)는 공부하는 사람의 위엄을 이야기한다. 고(固)는 견고하고 단단한 것을 말한다. 따라서 '군자가 무게가 없으면 위엄이 없고 배워도 견고하지 못하다' 라는 말로 풀이할 수 있다.

공자의 이 말씀과 황희 정승의 예를 곰곰이 생각해보면 황희 정승은 스스로의 위엄과 무게로 밖에서와 안에서의 행동을 자유롭게 펼칠 수 있었던 것이 아닐까? 나라 일을 볼 때의 서릿발 같은 기상과 집안 일을 돌볼 때의 자애로움이 모두 한 곳의 위엄에서 나왔다는 생각이다.

나보다 부족한 사람을 사귀지 마라

無友不如己者
무우불여기자(이오)
학이(學而)

무우불여기자(無友不如己者)는 논어의 구절 가운데 가장 해석이 분분한 문구이다. 보통은 말 그대로 '나보다 못한 친구를 사귀지 말라'는 뜻으로 해석되지만 '자기보다 못한 친구는 없다'는 말로 해석되기도 한다. 드물게는 '친구를 내 몸처럼 생각하고 위하라'는 뜻으로 해석되기도 하지만 그다지 많이 인정되는 해석은 아니다.

공자께서는 친구를 함께 학문(學文)과 덕행을 쌓아가는 동반자로 생각하셨다. 만약 내가 좋아하는 친구에게 이런 덕행(德行)을 쌓는데 필요한 인(仁)에 대한 관심이 부족하다면 결과적으로 내가 쌓고자 하는 도리(道理) 또한 방해를 받을 수밖에 없을 것이다.

무우(無友) 친구로서 사귀는 것을 금한다. 불여기자(不如己者) 나와 같지 않은 사람, 즉 함께 인을 쌓고 도리를 쌓고자 하는 마음이 없는 사람을 친구로서 사귀지 않는 것이 좋다는 뜻으로 해석하는 것이 옳다.

사실 공부할 마음이 전혀 없는 친구를 도서관에 데려가면 내 공부까지 방해받기 십상이다. 그러므로 인을 쌓기 위해 노력하는 마음이 부족한 친구는 아예 만나지 않는 게 좋다는 뜻이다.

혹시 내 마음에 인이 없어 누군가의 친구가 되는데 부족함이 있는 건 아닌지 생각해 보자.

사색하라! 배워라!

學而不思則罔 思而不學則殆
학이불사즉망(하고) 사이불학즉태(니라)
위정(爲政)

스마트폰의 대중화는 우리 삶의 많은 부분을 변화시켰다. 가장 여실하게 드러나는 점은 버스나 지하철에서의 사람들 모습이다. 언제부턴가 버스나 지하철에서 사람들의 눈은 오직 스마트폰을 향하고 있다. 문자를 보내고 인터넷을 하고 영상물을 보여주는 스마트폰은 잠시도 떨어질 수 없는 '장난감'이 되었다.

문제는 스마트폰이 대중화되면서 잠깐이라도 생각을 정리하던 짬이 없어졌다는 점이다. 굳이 사색이라는 어려운 말을 붙이지 않더라도 버스나 지하철에서 하루를 돌아보며 생각하던 시간들은 이제 스마트폰에 의해 점령을 당했다.

공자께서 학이불사즉망(學而不思則罔)하고 사이불학즉태(思而不學則殆)니라라는 말씀을 하신 이유는 책을 읽거나 공부를 하되 깊이 사색하지 않으면 사리에 어둡고, 배움은 없이 사색에만 열중하면 위태롭게 된다는 걱정 때문이었다.

그러나 지금 우리의 모습은 어떠한가. 스마트폰 같은 기계 문명에 온 정신을 빼앗긴 채 사색이나 배움없이 하루하루를 흘려 보내고 있는 건 아닌지 묻고 싶다.

안다는 것은

子曰 由 誨女知之乎 知之爲知之 不知爲不知 是知也
자왈 유(아) 회여지지호(인저) 지지위지지(오) 부지위부지(이) 시지야(이니라)
위정(爲政)

　　정직(正直)이라는 말은 학교에서나 가정에서 가훈이나 급훈으로 널리 쓰이는 말이다. 자신의 자녀나 학생들이 다른 사람을 속이지 않고, 말 그대로 정직하게 살아가기를 바라기 때문이리라.

　　그러나 정직이란 말은 엄밀히 다른 사람에게 보다 자기 스스로에게 더욱 엄정하게 적용되어야 할 말이다. 누가 보지 않아도 스스로의 시간을 활용해 공부하는 것도 정직한 일이며, 모르는 문제를 알기 위해 노력하는 자세 역시 정직해야만 가능한 일이다.

　　공자의 제자 가운데 한 사람인 자로(子路)는 성격이 강직하고 용감한 사람이었다. 그런데 문제는 이 강직한 성격 때문에 모르는 것을 안다고 우기는 경우가 있었다. 제자에 대한 사랑이 깊었던 공자께서는 어느 날 자로를 붙잡고 이렇게 말씀하셨다.

　　'유야, 너에게 안다는 것에 대해 가르쳐 주겠다. 아는 것을 안다고 하고, 모르는 것을 모른다' 하는 것이 바로 앎이란다.

　　공자께서는 지식을 쌓아가기 위해서는 스스로에게 더 엄정하고 정직해야 한다는 말씀을 하고 계신 것이다. 스스로에게 엄정해야만 옳고, 그름을 가려내는 일에 더 정직하게 다가설 수 있다.

부끄러움 없이 묻고 또 물어야

敏而好學 不恥下問 是以謂之文也

민이호학(하며) 불치하문(이라) 시이위지문야(이니라)

공야장(公冶長)

궁금한 것을 참지 못했던 자공(子貢)이 어느 날 공자에게 질문을 하였다.

'위나라 공문자(孔文子)에게 문(文)이라는 시호가 내려진 까닭이 무엇입니까?' 이에 대한 공자의 대답이 '민이호학(敏而好學)하며 불치하문(不恥下問)이라 시이위지문야(是以謂之文也)이니라' 이다. 이 구절을 풀이하면 '공문자는 재질이 명석하고 머리도 좋았지만 무엇보다 배우기를 좋아하고 특히 아랫사람에게 묻는 것을 부끄러워하지 않았다' 로 정리할 수 있다.

공자께서 이렇게 극진하게 칭찬한 공문자는 위나라 대부 중의 한 사람으로 성은 공(孔) 이름은 어(圉)였다. 그는 배움을 위해서는 아랫사람에게도 부끄러운 줄 모르고 묻고, 또 물었다.

자공이 이렇게 질문한 까닭은 당시 공문자가 여러 가지 정치적으로 시끄러운 일에 휘말려 있었기 때문이었다. 쉽게 말해 구설수에 오른 상황이었는데, 그럼에도 불구하고 최고의 시호인 문이라는 시호가 내려진 까닭이 궁금해서였다.

그러나 학문에 정진하는 것을 최고의 덕목으로 생각한 공자께서는 다른 결점이 있더라도 총명한 머리로 근면하게 학문에 정진한 공문자에게 문이라는 시호가 내려진 것은 당연하다는 답을 해주신 것이다.

배우기를 가장 좋아했던 제자

哀公問 弟子孰爲好學
애공문 제자숙위호학(이니이꼬)
옹야(雍也)

    공자께서는 3천 명이 넘는 제자를 두셨고, 육례(六禮)에 통달한 제자만도 70명을 두셨다. 애공문(哀公問) 제자숙위호학(弟子孰爲好學)이니이꼬는 제자 가운데 누가 가장 배우기를 좋아했냐는 물음이다.

    공자께서는 이 질문에는 언제나 한 치의 망설임도 없이 안회(顏回)라고 대답하셨다.

    안회는 불행히도 공자의 사랑과 기대를 저버리고 일찍 요절했는데 한 번은 채나라로 가던 도중에 이런 일화가 있었다. 일주일을 넘게 아무것도 먹지 못했던 공자와 제자들은 안회가 어디선가 쌀을 구해와 겨우 허기를 면하게 됐다. 공자는 너무 지친 나머지 설핏 잠이 들었는데 잠시 뒤 눈을 떠보니 안회가 밥을 한 움큼 쥐고 그의 입에 넣는 모습이 보였다. 공자는 너무나 실망한 나머지 안회를 불러놓고 이렇게 물었다고 한다.

    '네가 지은 밥으로 제사를 지내려고 하는데 네 생각은 어떠냐? 제사에는 당연히 아무도 손대지 않은 깨끗한 밥을 올려야 할 테니 너도 불만이 없으리라.' 그러자 안회가 두 손을 내 저으며 이렇게 답했다고 한다. '안 됩니다, 선생님! 제가 아까 밥을 지을 때 갑자기 천장에서 재가 떨어졌습니다. 그래서 스승님께 드리자니 너무 더럽고 버리자니 아까워서 제가 먹고 말았습니다. 벌써 제 손을 타고 말았으니 이 밥으로는 제사를 드릴 수가 없습니다.'

    스승을 생각한 안회의 마음이 눈에 보이는 것 같다.

한 번 잘못한 일을 두 번 반복하지 않는다

孔子對日 有顔回者好學 不遷怒 不貳過
공자 대왈 유안회자(이)호학(하야) 불천노(하며) 불이과(하노라)

옹야(雍也)

공자께서 안회(顔回)를 깊이 아낀 건 안회가 학문을 실천하는 지행일치(知行一致)의 사람이었기 때문이다.

공자께서는 안회에 대해 불천노(不遷怒)하며 불이과(不貳過)하노라 라는 말로 평가하셨다. 不遷怒(불천노)는 노여움을 다른 사람에게 옮기지 않는다는 말이며, 불이과(不貳過)는 한 번 잘못한 일을 두 번 반복하지 않는다는 뜻이다.

공자께서 안회를 이처럼 높이 평가하셨지만 그 역시 사람이었기 때문에 실수도 하고, 화나는 일도 있었을 것이다. 그러나 안회는 절대로 자신의 화나는 일을 약하고 만만한 사람에게 함부로 풀어버리는 일이 없었다. 쉬운 일 같지만 함께 일하는 직원들에게 공연히 화풀이를 해본 상사라면 결코 말처럼 간단한 일이 아니라는 사실을 알 것이다.

또한 안회는 한 번 한 실수를 두 번 다시 반복하는 일이 없었다고 한다. 즉 자신의 행동을 늘 사색하고 반성하며 실수를 되풀이 하지 않기 위해 많은 노력을 기울였다는 것이다. 이것은 자신이 배운 학문을 책 안에서 끝내는 것이 아니라 일상생활에서 직접 실천하고 반성하는 생활을 반복했다는 증거이다.

나만큼 배움을 좋아하는 사람은 없다

十室之邑 必有忠信如丘者焉 不如丘之好學也
십실지읍(에) 필유충신여구자언(이어니와) 불여구지호학야(이니라)
공야장(公冶長)

개그맨 전유성은 여러 가지로 기인(奇人)의 면모를 갖춘 사람이다. 개그맨이라는 말을 처음 만들어낸 그는 코미디언과는 또 다른 개그맨이라는 영역을 개척해냈다. 그는 자주 개그맨들을 뽑는 심사위원이 되기도 했는데, 심사가 끝나면 이렇게 말하곤 했다. '동네에서 좀 웃긴다는 사람들이 이 자리에 모였는데, 부디 이 자리를 통해서 프로로 거듭나기를 바랍니다.'

십실지읍(十室之邑)에 필유충신여구자언(必有忠信如丘者焉)이어니와 불여구지호학야(不如丘之好學也)이니라는 사람의 자질에 관한 이야기이다. 집이 열 채뿐인 작은 마을에도 충성과 신의가 있는 사람이 있겠지만, 나(공자)만큼 배우기를 좋아하는 사람은 없다는 자부심의 표현이기도 했다.

여기서 충성과 신의가 있는 사람이란 훌륭한 자질을 타고난 사람을 말하는 것이다. 공자의 말씀대로 하면 사람은 누구나 좋은 일을 벌일 수 있는 훌륭한 자질을 타고 난다. 그러나 훌륭한 자질을 가지고 태어났다고 해서 누구나 지극한 도(道)에 이르지는 못한다. 지극한 도에 이르기 위해서는 반드시 지극한 마음으로 학문에 정진해야 하는데 이처럼 훌륭한 자질을 가지고도 학문에 정진하는 사람은 좀처럼 찾아볼 수 없기 때문이다.

혹시 훌륭한 자질을 갖고도 그 자질을 제대로 발휘하고 있지 못 하는 건 아닌지 자신을 살펴보도록 하자.

129

시를 읽고 기뻐하며

子所雅言 詩書執禮 皆雅言也
자소아언(은) 시서집례(이며) 개아언야(러시다)
술이(述而)

자소아언(子所雅言)은 시서집례(詩書執禮)이며 개아언야(皆雅言也)러시다. 이 말은 공자께서 항상 시(時)와 서(書)를 충실히 배우고 이를 바탕으로 예(禮)를 잘 지키고 행할 것을 당부하신 말씀이다.

여기서 말하는 시란 서정성이 풍부한 문학적 작품만을 이르는 말이 아니다. 공자께서 말씀하신 내용은 시뿐 아니라 서도 포함되며 시경(詩經)을 통해 요순과 주(周)를 비롯한 선왕들의 치세를 논하시고, 드러나지 않은 성품을 가꾸는 방편이기도 했다.

실제로 공자께서는 제자들을 모아 놓고 인(仁)이나 천도(天道) 등에 대해 구체적으로 말씀하시거나 훈계하신 일이 별로 없다. 공자께서는 그저 오직 자신의 행동으로 이 모든 가르침을 보여주셨을 뿐이다. 논어에는 공자께서 스승으로 가르침을 내려주신 다양한 교훈과 가르침이 기록되어 있다. 하지만 그렇다고 해서 논어가 공자의 교훈적인 가르침만으로 가득찬 것은 아니다. 그보다 깊은 가르침을 받을 수 있는 공자의 생각과 삶의 행적이 깊이 숨어 있는 기록집의 의미도 숨어 있다.

논어가 깊은 감동과 재미를 주는 까닭 역시 구구절절한 말이나 가르침이 아니라 공자께서 온몸으로 보여주는 가르침이 담겨 있기 때문이다.

평생 배움을 가까이 하다

默而識之 學而不厭 誨人不倦 何有於我哉
묵이식지(하며) 학이불염(하며) 회인불권(이) 하유어아재(오)
술이(述而)

묵이식지(默而識之)하며 학이불염(學而不厭)하며 회인불권(誨人不倦)이 하유어아재(何有於我哉)오는 공자께서 '말없이 묵묵히 사물을 깨닫고, 배우기에 진력내지 않으며, 남을 가르치는데(깨우치는데) 게으르지 않다, 나는 이런 일만을 한다' 라는 뜻이다.

위 글은 배움과 가르치는 일에 뜻을 둔 사람들에게 꼭 필요한 문구로 소개하는 경우가 많다. 실제로 배움에 뜻을 둔 사람들은 대개 학문을 깨우치고 터득한 뒤에 다른 사람들에게도 배움과 가르침의 기쁨을 전해주기 위해 노력하는 경우를 자주 보게 된다.

공자께서는 자신의 말씀처럼 스스로 시간과 때를 한정시키지 않으시고 평생 학문의 기쁨을 느끼며, 다른 사람들에게도 이런 기쁨을 전하기 위해 노력하신 분이다.

공자께서는 평생 이런 일만 하셨다고 당당하게 말씀하셨다.

그러나 최근 우리가 하는 공부는 사람을 너무 진력나게 하는 것 같다. 영어 본토 발음을 위해서 어린아이의 혀를 수술하기도 하고, 대학을 가기 위해서 초등학교 때부터 친구도 없이 입시 공부에만 매달려야 하기 때문이다.

우리도 학문이 가지고 있는 본래의 진리와 기쁨을 스스로 깨닫고, 다른 사람에게 전해주는 일에 노력한다면 공자처럼 당당한 삶을 살게 되지 않을까?

나면서부터 아는 사람은 없다

我非生以知之者 好古敏以求之者也
아비생이지지자(이라) 호고민이구지자야(로라)
술이(述而)

가끔씩 영재를 넘어 천재 소리를 듣는 어린이들이 사람들을 깜짝 놀라게 할 때가 있다. 채 열 살도 안 된 아이가 몇 개 국어를 줄줄이 하고, 대학 전공 수준 이상의 과학적 지식을 이야기할 때면 부럽기도 하고 기가 죽기도 한다. 그러나 많은 영재 전문가들은 이들의 영재성이 유지되기 위해서는 체계적인 교육과정과 지속적인 학습이 필수적이라고 말한다. 타고난 천재조차 노력 없이는 제 능력을 발휘하기 어렵다는 것이다.

아비생이지지자(我非生以知之者)이라 호고민이구지자야(好古敏以求之者 也)에서 공자께서도 비슷한 말씀을 하셨다. 공자께서는 태어나면서부터 모든 것을 아는 분이었음에도 나는 나면서부터 모든 것을 알지 않았다고 겸손 하게 말씀하셨다. 또한 옛것을 좋아하고 열심히 공부해서 모든 것을 알게 된 것이라고 하셨다.

공자께서 이렇게 말씀하신 건 우리처럼 평범한 사람들에게 학문에 대한 뜻을 주고 배움을 독려하기 위해서이다.

또한 성인 역시 이렇게 꾸준히 공부해서 익혔는데, 우리 같은 평범한 사람 들이 어떻게 노력하지 않고 많은 것을 알기를 바라는가에 대한 경각심을 일 깨워주는 말씀이기도 하다.

길 위의 모든 사람이 스승

三人行 必有我師焉 擇其善子而從之 其不善子而改之
삼인행(에) 필유아사언(이니) 택기선자이종지(오) 기불선자이개지(니라)

술이(述而)

　세 사람이 같이 가면 그 중에 반드시 나의 스승이 될 사람이 있게 마련이라는 뜻을 포함한 위 구절은 많은 사람들에게 읽히는 명문 중 하나이다.

　삼인행(三人行)에 필유아사언(必有我師焉)이니 택기선자이종지(擇其善子而從之)오 기불선자이개지(其不善子而改之)니라에서 삼인행(三人行)은 꼭 세 사람이 아니라 여러 사람으로 해석할 수 있으며, 행(行)은 길을 간다, 행동하고 실천한다는 의미로 풀이할 수 있다.

　사람들이 길을 나서게 되면 예측 불허의 다양한 행동을 하게 마련이다. 얌전하던 사람이 갑자기 술을 마시고 모르는 사람과 싸울 수도 있으며, 또 무뚝뚝하고 거친 사람인 줄 알았는데 의외로 따뜻하게 주위 사람들을 챙겨줄 수도 있기 때문이다.

　세 사람 중에서 스승을 찾는 이유는 그 사람의 장점을 본받아서 나를 더욱 선한 사람으로 만들기 위해서다. 따라서 세 사람 중에 반드시 나의 스승이 될 만한 사람의 장점을 취하는 것은 물론 나보다 못한 사람의 잘못된 점도 찾아내서 나의 숨겨진 단점을 해결하는 방편으로 삼아야 한다.

　곧 길을 나선 모든 사람이 나의 삶을 고쳐나가는 스승이 될 수 있다는 말이다.

이 사람이 나의 벗이었다

以能問於不能 以多問於寡 有若無 實若虛
이능(으로)문어불능(하며) 이다(로)문어과(하며) 유약무(하며) 실약허(하며)
犯而不校 昔者吾友 嘗從事於斯矣
범이불교(를) 석자오우(이) 상조사어사의(러니라)

태백(泰伯)

공자가 아끼던 제자였던 증자(曾子)는 요즘 말로 하면 조금은 바보 같은 친구를 마음에 두고 있었던 것 같다.

그가 사랑한 친구는 학식이 많으면서도 학식이 적은 사람에게 묻고, 도가 있으면서 없는 척하고, 덕이 차 있으면서 없는 척하며, 남이 침범해도 그와 맞서지 않았기 때문이다.

요즘처럼 돈이 많은 것을 자랑하고, 벼슬이 높은 것을 자랑스러워하며, 학벌이 뛰어난 것을 과시하고 싶어하는 세상에서 만약 이런 사람이 있다면 주위로부터 가진 것조차 제대로 써먹지 못하는 사람으로 손가락질 받을 것이 뻔하다.

이능(以能)으로 문어불능(問於不能)하며 이다(以多)로 문어과(問於寡)하며 유약무(有若無)하며 실약허(實若虛)하며 범이불교(犯而不校)를 석자오우(昔者吾友)이 상종사어사의(嘗從事於斯矣)러니라에서 유약무(有若無)는 도(道)가 있으면서 없는 척하는 것을 말한다. 실약허(實若虛)는 덕이 있으면서 없는 것을 의미한다.

이 글 어느 곳에도 증자가 사랑한 친구가 누구인지는 정확하게 나와 있지 않지만 공자의 제자 안회(顔回)로 파악된다. 안회의 이른 죽음은 스승인 공자뿐 아니라 함께 공부했던 친구들에게도 깊은 상처를 남겼기 때문이다.

목적을 위해 공부를 좇아서는 안 된다

三年學 不至於穀 不易得也
삼년학(에) 부지어곡(을) 불이득야(니라)
태백(泰伯)

공자께서 3년을 공부한 뒤 벼슬자리에 뜻을 두지 않는 사람이 없다고 하신 걸 보면 춘추전국시대 노나라의 학업주기가 아마도 3년이었던 듯하다. 그 때나 지금이나 사람들이 공부를 하는 이유는 좀 더 높은 벼슬자리와 높은 녹봉(월급)을 받기 위해서였고, 당시에도 역시 3년의 학업 기한을 마친 뒤 순수하게 학문의 자리에 남아 있는 사람은 드물었던 것 같다.

삼년학(三年學)에 부지어곡(不至於穀)을 불이득야(不易得也)니라에서 불이득(不易得)은 얻기가 쉽지 않다는 뜻이며, 곡(穀)은 봉록이나 벼슬자리, 취직자리 등을 이르는 말이다.

이 말은 공자가 사시던 춘추전국시대의 노나라를 벗어나 지금도 그대로 적용되는 말이다. 머리 좋은 수재가 사법고시에 통과하여 연수원까지 마친 후 계속 연구직에 남는다고 하면 아마도 주위에서는 '머리가 좋은 건지, 나쁜 건지 모르겠다'는 말을 할 것이다. 검사나 판사를 거쳐 로펌에 들어가면 그 연봉이 상상할 수 없을 정도인데 법전을 뒤적이며 연구에만 열중할 경우 지위나 경제적인 면에서 별다른 기대를 할 수 없는 게 현실이기 때문이다.

학문은 벼슬과 부의 축적이 아니라 인(仁)을 실천하기 위한 도구라는 공자의 말씀이 일견 씁쓸하게 들린다.

벼는 익을수록 고개를 숙인다

文莫吾猶人也 躬行君子 則吾未之有得
문막오유인야(아) 궁행군자(는) 즉오미지유득(호라)
술이(述而)

'벼는 익을수록 고개를 숙인다'는 말은 공자께 꼭 들어맞는 말이다. 공자께서는 위대한 교육자이자 인류가 낳은 성인(聖人)의 반열까지 오르신 분이지만 늘 겸손하셨다. 끊임없이 자신의 단점을 인정하고 자신의 부족한 점을 개선하기 위해 노력하셨다. 또한 제자들에게도 자신의 단점을 숨기지 않고 인정하시며 더 노력해 줄 것을 당부하셨다.

문막오유인야(文莫吾猶人也) 궁행군자(躬行君子)는 즉오미지유득(則吾未之有得)호라라는 말을 통해 공자께서는 이렇게 말씀하셨다. 학문에 있어서 나는 남만 못하지 않다. 하지만 아직 군자답게 실천하는데 만족할 만한 경지에 오르지 못했다.

군자의 도(道)는 실천을 바탕으로 한 것이다. 이것은 학문을 기반으로 하지만 또 별개의 노력과 실천이 필요하기 때문이다. 이런 까닭에 군자의 도는 실천하기 몹시 어려우며 만약 군자의 도가 실천이 되면 이미 성인의 반열에 오른 것으로 생각해도 무방하다.

당시 공자께서 군자의 도를 실천하고 있다고 제자들 앞에서 말씀하셔도 크게 허물이 되지 않았을지도 모른다. 그러나 공자께서는 머리를 숙인 벼처럼 자신의 부족한 점을 찾아 끊임없이 노력하고 계셨던 것이다. 그것이 곧 군자이며 성인의 모습이다.

독실하게 배우며 도를 지키다

篤信好學　守死善道
독신호학(하며) 수사선도(니라)
태백(泰伯)

　　매천 황현(黃玹)은 올곧고 매서운 선비다. 전남 구례에서 태어난 황현은 스물여덟에 과거에 1등으로 합격했으나 시골출신이라는 이유로 2등으로 밀려나자 미련 없이 벼슬길을 버렸다. 얼마 뒤 그의 아버지가 생원시에 응시할 것을 권해 역시 장원으로 합격했지만 난세에 가까운 시국과 썩어빠진 관리들의 행패를 목격한 뒤 고향인 구례에서 제자들을 기르는 데만 전념하였다. 그러던 그가 1910년 일제에게 속절없이 나라가 짓밟히는 것을 보고 '절명시' 한 수를 남기고 목숨을 끊어버렸다. '독실하게 믿고 배우기를 좋아하며 죽음으로써 도(道)를 지키고 높여야 한다'는 공자의 말씀을 그대로 실천한 것이다.

　　독신호학(篤信好學)은 독실하게 믿고 배우기를 좋아한다는 평범한 뜻을 넘어서 강한 실천력을 바탕으로 유가(儒家)의 끊임없는 자기완성을 위한 수양법의 하나로 제시되고 있다. 또한 수사선도(守死善道)는 시대의 모순을 넘어 인간의 보편적 가치를 높이고 확인할 수 있는 구절로 인식되고 있다.

　　매천 황현과 같이 자기의 신념이나 도리(道理)를 위해서 목숨까지 던지는 사람들에 대한 평가는 평범한 사람들이 함부로 이야기할 수 있는 것이 아니다.

　　그러나 공자의 말씀처럼 끊임없이 배우며 일상의 작은 가치를 실천하는 일은 가능하지 않을까? 다시 한번 배움의 도리를 생각해 본다.

제6장 [스승의 길]

가르치며 깊어가는 지혜

배우고 익히면 또한 기쁘지 아니한가?

學而時習之 不亦說乎
학이시습지(면) 불역열호(아)
학이(學而)

　　학이시습지(學而時習之)면 불역열호(不亦說乎)아는 논어의 첫 편 첫 머리에 등장하는 글로 공자의 삶이 가장 함축적으로 응축된 구절이다. 공자께서는 평생 동안 자신의 몸을 닦고〔修己〕 세상을 근심하며〔濟世〕, 사람을 이롭게 하는데〔利人〕 모든 노력을 기울였다. 공자의 이 같은 삶은 특히 학(學)이라는 한 글자에 집중돼 있는데 학이라는 글자는 유학자로서의 삶의 본분을 나타내 주기 때문이다.

　　그러나 공자가 말씀하셨던 것과는 달리 배우고, 익히는 일이 즐거울 수만은 없다. 특히 지금의 40~50대는 어린 시절 무조건 외워야만 하는 교육을 받았다. 선생님이 시키는 대로 외우지 못하면 체벌이 가해지는 일이 비일비재했기 때문에 학교 공부는 무조건 외워야 하는 것이었다.

　　학이시습지(學而時習之)면 불역열호(不亦說乎)아에서 학은 단순히 학문을 익히는 수준이 아니라 도(道)를 체득한다는 의미이다. 따라서 학은 각(覺), 효(效), 지(知), 행(行) 등의 모든 의미가 다 포함돼 있다. 습(習)은 단순히 연습하는 것이 아니라 몸에 완전히 체득시켜 익히도록 하는 것을 말한다.

　　공자는 학이라는 글자를 통해 세상을 좋은 쪽으로 바꾸기 위해 노력하였다. 그리고 그것이 공자가 지금까지 존경받는 가장 큰 이유이다.

부가 행복의 잣대는 아니다

可也 未若貧而樂 富而好禮者也
가야(이나) 미약빈이락(하며) 부이호례자야(이니라)

학이(學而)

공자의 제자인 자공(子貢)이 어느 날 스승에게 여쭈었다. 빈이무첨(貧而無諂) 부이무교(富而無驕) 하여(何如) 즉, '가난해도 아첨하지 않고, 부귀를 누려도 교만하지 않은 것은 어떻습니까?'

그러자 공자께서는 대답하셨다.

가야(可也)이나 미약빈이락(未若貧而樂)하며 부이호례자야(富而好禮者也)이니라. '그래, 나쁘지 않다. 하지만 가난한 속에서도 즐거워하고, 부유해도 예를 좋아하는 것만은 못 하다.'

이 질문을 한 자공은 공자께서 아끼시던 제자 중 한 사람인데 특히 공자학단의 재정을 담당했던 사람이다. 공자께서 노나라를 떠나 천하를 주유하실 때 자공의 경제적인 뒷받침이 없었다면 더 많은 곤혹을 치러야 했을 것으로 전해진다.

자공 역시 어려서는 무척 가난했으나 성장하면서 지금으로 말하면 뛰어난 경영기법과 재테크 기술로 부를 축적한 것으로 알려지고 있다.

그러나 자공은 때로 실천보다 너무 말이 앞서는 모습 때문에 공자에게 혼이 나기도 했다. 하지만 그는 가난한 시절에도 함부로 아첨하지 않고, 부유하게 된 후에도 스승이나 다른 사람에게 교만하게 굴지 않아서 공자에게 부분적으로나마 인정을 받았다고 한다.

공자께서 주신 인생의 가이드라인

吾十有五而志于學
오십유오이지우학(하고)
위정(爲政)

오십유오이지우학(吾十有五而志于學) 뒤에는 우리에게 익히 알려진 삼십 이립(三十而立) 사십이불혹(四十而不惑) 오십이지천명(五十而知天命) 육십이 이순(六十而耳順) 칠십이종심소욕불유구(七十而從心所欲不踰矩)라는 구절이 뒤를 잇는다.

십 년 단위로 구분해 인생을 6단계로 나눈 이 가르침은 공자께서 자신의 경험을 바탕으로 제자들에게 인생과 인격의 발전에 도움을 주는 가이드라인 을 제시하신 것이다.

공자께서는 세계 4대 성인 중의 한 사람으로 추앙받지만 그의 인생은 파 란만장하였다. 공자는 기원전 551년 60세가 넘은 아버지 숙량흘과 젊은 어 머니 사이에서 태어났으며 24세 때 어머니를 잃었다. 35세 때는 노나라의 내 란으로 제나라로 피신을 갔으며, 55세 때는 천하를 돌아다니며 자신의 뜻을 받아줄 주인을 찾았으나 결국 실패하고 말았다. 이후 공자는 고향에서 후진 양성에 전념하다가 73세에 이르러 생을 마치게 됐다.

마흔 살에는 현혹되지 않았으며(不惑) 쉰 살에는 하늘의 뜻을 알았고(知 天命) 예순에는 귀가 따르게 되었으며(耳順) 일흔에는 마음을 따라 행동해 도 법도를 넘지 않았다(不踰矩)는 말씀에서 삶의 쉼 없는 정진을 요구한 공 자의 뜻이 와 닿는 것 같다.

옛것에서 배우는 지혜

溫故而知新 可以爲師矣
온고이지신(이면) 가이위사의(나라)

위정(爲政)

'어제는 오늘의 스승' 이라는 말이 있다. 모든 것이 새롭고 다른 것 같은 오늘이지만 사실은 어제의 것이 쌓이고 쌓여 오늘 비로소 빛을 발하게 된다는 것이다. 실제로 최근에 불타나게 팔리는 스마트폰은 핸드폰의 단점을 고치고, 장점을 키워 출시한 것이며, 요즘 유행하는 패션 역시 과거의 옷에 조금의 덧칠을 한 경우가 대부분이다.

이는 학문과 관련된 분야에서도 마찬가지이다. 학문을 연마하기 위해서는 앞서 공부한 이의 논문과 자료를 먼저 습득하는 것이 중요하다. 자료 정리나 분석이 연구를 수행하는 중요한 지표가 되는 까닭이다.

온고이지신(溫故而知新)이면 가이위사의(可以爲師矣)나라에서 온(溫)은 숙지하고 숙달한다는 의미이다. 지신(知新)은 새롭게 알거나 창조한다는 말이다. 즉 옛날의 학문을 충분히 익히고, 새로운 내용을 알아가야만 다른 사람을 가르칠 수 있는 스승이 될 수 있다는 뜻이다.

학문이 깊어지면 다른 사람을 가르칠 수 있는 스승이 된다. 그러나 공자께서는 다른 사람을 가르치기 위해서는 먼저 옛것을 익혀야 한다고 강조하셨다. 옛것을 바탕으로 새로운 것을 배우며 알아가는 자세를 가져야만 스승의 역할을 할 수 있기 때문이라는 것이다. 스승이라 불리며 다른 사람을 가르치는 것이 얼마나 많은 노력이 필요한 것임을 알려주고 있다.

이단을 배우면 해가 될 뿐이다

攻乎異端 斯害也已
공호이단(이면) 사해야이(니라)
위정(爲政)

벼농사를 짓는 농부들이 힘들어하는 일 중 하나가 피를 뽑아주는 일이다. 피는 벼의 성장을 막기 때문에 주기적으로 뽑아줘야 한다. 그러나 뜨거운 한여름에 뻘밭과 다름없는 논에 들어가 피를 뽑아주는 일은 보통 힘들고 어려운 게 아니다. 게다가 잠시만 게을리해도 논으로 순식간에 피가 번져나가기 때문에 한눈을 팔 수 있는 일도 아니다. 더구나 피와 벼는 크기나 모양이 흡사해서 벼가 자라기 시작할 때는 벼와 피를 구분하기가 쉽지 않다.

우리가 이단(異端)이라고 부르는 학파나 종파들 역시 이와 마찬가지로 처음에는 원래의 종교나 학문과 큰 차이가 없기 때문에 많은 사람들이 한 번 빠져들면 쉽게 헤어 나오지 못하는 원인이 된다.

공자께서도 공호이단(攻乎異端)이면 사해야이(斯害也已)나라에서 이단을 배우면 해로울 뿐이라고 말씀하셨다. 공자께서 말씀하신 이단이란 양자(楊子)나 묵자(墨子)를 이르는 것으로 이 사상이 깊어지면 임금이나 아버지의 존재를 부정하고 윤리와 도덕, 법률 등의 국가제도를 거부해 유가의 왕도 정치를 실현하는데 어려움을 줄 수 있다고 본 것이다.

양자나 묵자는 지금은 모두 당위성을 인정받고 있지만 현재도 이단은 넘치도록 범람하고 있다.

이단을 배우면 해가 될 뿐이라는 공자 말씀을 명심해야 하는 까닭이다.

선생님의 가르침을 무겁게 여겨야

子路有聞 未之能行 唯恐有聞
자로(는)유문(이오) 미지능행(하야선) 유공유문(하더라)
공야장(公冶長)

발달장애인을 가르치는 재활원 선생님들은 과제를 내줄 때면 심사숙고를 한다. 화단에 물을 주라고 하면 비가 오는 날에도 화단에 물을 주고, 선생님이 조금만 기다리라고 하면 몸이 불편한 상황에서도 반드시 선생님의 말씀을 지키기 때문이다. 선생님이 하신 말씀을 너무 잘 들어 곤란한 경우가 있다는 것이다.

공자의 제자인 자로(子路)는 젊어서 무예를 연마했기 때문에 경솔한 면이 있었고, 총명한 편도 아니었다. 그러나 자로는 공자의 말씀을 실천하기 위해 무던히 애를 썼다. 그래서 그는 이미 배운 것을 실행에 옮기지 못하고 있다는 두려움 때문에 또다시 새로운 것을 배워 그것을 실천에 옮겨야 한다는 사실에 상당한 두려움을 안고 있었다.

자로유문(子路有聞)이오 미지능행(未之能行)하야선 유공유문(唯恐有聞)이더라에서 문(聞)은 교훈을 듣는다는 뜻이며, 유공(唯恐)은 매우 두려워한다는 의미이다. 뜻은 '자로는 선생님의 가르침을 듣고 미처 실천하지 못하면서 또 다른 가르침을 듣는 것을 두려워했다' 이다.

머리에 쓸데없는 지식만을 가득 채운 채 쌓인 지식을 함께 나눌 생각을 하지 않는 사람들이 너무 많다. 자로는 조금 서툴고 둔탁해 보이지만 공자가 원하는 학문하는 제자의 모습을 그대로 갖추고 있다.

인이 어우러진 세상

子路曰 願聞子之志 子曰 老者安之 朋友信之 小者懷之
자로왈 원문자지지(하노이다) 자왈 노자(를)안지(하며) 붕우(를)신지(하며) 소자(를)회지(니라)

공야장(公冶長)

공자와 제자인 자로(子路), 안연(顔淵)이 한자리에 마주 앉아 각자 마음에 담고 있는 소망에 대해 이야기를 나누었다. 자로는 괄괄한 무인 출신답게 친구와의 우정에 대해 이야기했다. 친구들과 재물을 사용하는데 네 것, 내 것을 따지지 않겠다는 것이다. 반면 묵묵히 자기 수양에 몰두하고 있던 안연은 자신의 배운 바를 지켜 도리에 어긋나지 않도록 노력하고 싶다는 속내를 비쳤다.

자로가 선생님의 소망은 무엇인지 물어보았다.

공자께서는 자왈(子曰) 노자안지(老者安之) 붕우신지(朋友信之) 소자회지(小者懷之)라는 답을 하셨다. '늙은 사람은 편안하게 해주고 벗은 믿도록 하며, 어린아이는 품어 주겠다'는 의미였다.

공자께서 하신 말씀은 겉으로는 소박해보이지만 실천하기가 쉽지 않은 일이다. 효(孝)와 신(信), 애(愛)가 바르게 자리 잡아 천하만물이 각기 그 순리대로 움직이고 이루어지도록 하고 싶다는 뜻이 담겨 있기 때문이다. 바로 이것이 우리가 바라는 대동세상의 모습이다. 공자께서는 제자들에게 말씀하신 것처럼 노인을 공경하고 벗에게는 신뢰를 주며, 어린아이를 바르게 양육하는 인(仁)이 어우러진 세상이 하루 빨리 오기를 소망했다.

현실과 이상의 사이에서

冉求日 非不說子之道 力不足也
염구왈 비불열자지도(이언마는) 역부족야(이로다)
옹야(雍也)

삶은 여러 갈림길 위에 서 있다. 갈림길에서 사람들은 가장 적합하다고 생각하는 방향을 선택하고 살아간다. 그런데 가장 적합하다고 선택한 길이 스스로가 생각할 때 가장 옳은 길이기에 선택하는 건 아니다. 머릿속으로는 이 길로 가는 게 옳다고 알려주지만, 발 딛고 서 있는 현실의 상황도 생각해야 하는 게 우리가 사는 삶이기 때문이다. 그래서 사람들은 이상과 현실 사이에서 끊임없이 타협하며 살아간다.

공자의 제자인 염구(冉求) 역시 타협하는 방향을 선택하였다. 염구는 공자의 추천으로 노나라의 실세인 계강자의 가신이 되었다. 그 후 염구는 공자의 가르침을 따르기보다 정책을 추진하는 사람의 입장에서 일을 벌여나갔다. 공자의 생각과는 정반대였던 중과세 정책을 추진해 공자로부터 야단을 맞기도 하였다.

그때 염구가 한 말이 염구왈(冉求日) 비불열자지도(非不說子之道)이언마는 역부족야(力不足也)이로다였다. 풀이하면 '선생님의 도를 싫어하는 것이 아니라 제 힘이 부족해서 실천하지 못하는 것 뿐입니다' 이다.

선생님의 가르침과 생각에 깊이 공감하지만 현실적으로 제 힘이 미치지 못한다는 의미일 것이다. 그때나 지금이나 현실과 이상의 간극으로 고민하는 건 마찬가지였나보다.

못 하는 것이 아니라 안 하는 것이다

子曰 力不足者 中道而廢 今女畵
자왈 역부족자(는) 중도이폐(하니라) 금여(는) 획(이로다)
옹야(雍也)

염구(冉求)의 변명 아닌 변명을 들은 공자께서 대답하셨다. 역부족자(力不足者)는 중도이폐(中道而廢)하니라 금여(今女)는 획(畵)이니라. 풀이하면 '지금 그대는 힘이 모자라서 안 하는 게 아니라 처음부터 선을 긋고 안 하는 것이다.'

여(女)는 2인칭 너를 말하며, 획(畵)은 땅에 금을 긋고 그 속에서만 살려는 것, 즉 나아갈 수 있는데 나아가려고 하지 않는 것을 말한다.

공자께서는 염구의 자신이 부족해서 못 한다는 말을 변명이라고 판단하신 것이다. 그도 그럴 것이 염구는 정치분야에서는 상당히 많은 능력을 갖고 있는 사람이었다. 노나라가 제나라와 전쟁을 벌일 당시 장수로 제나라 대군을 격파하고, 경제관리와 군대를 부리는 데 출중한 능력을 발휘하였다. 능력으로만 본다면 못 할 일이 없는 이였다.

그러므로 공자의 눈에는 염구의 말이 '능력이 없어서 하지 못 한다'가 아니라 '능력은 있으나 하기 싫다'로 들린 것이다. 교묘하게 자기합리화를 했지만 스승의 눈에는 감추고 싶은 마음이 들킨 것이다.

우리도 현실과 이상의 간극이라는 말로 자기합리화를 하지만, 못 하는 것이 아니라 안 하는 건 아닐까? 살기 편한 방법, 이로운 방법만 좇고 있는 건 아닌지 생각해 볼 일이다.

내가 아는 모든 것을 알려주마

我叩其兩端而竭焉
아고기량단이갈언(하노라)
자한(子罕)

수필집《그리고 아무 말도 하지 않았다》의 저자인 전혜린은 우리나라 여성 최초로 독일 유학을 떠나 뮌헨대학교 독문과를 졸업하였다. 그녀의 책에는 하루에 한두 시간 가량만 자면서 공부에만 몰두하던 중고등학교 시절이 등장한다. 그녀는 세상의 모든 지식을 머리에 담는 상상을 했다고 한다. 그녀는 지적으로 우월해지는 것에 목표를 두었던 듯하다.

이것처럼 공부를 하는 목적은 사람에 따라 다양하다. 전혜린처럼 공부를 통해 지적인 만족에 도달하려는 이도 있고, 공부를 통해 부와 명예를 거머쥐려는 이도 있다. 지금의 공부는 취업을 위한 방편으로 사용되기도 한다.

그런데 공자께서는 조금 다른 관점으로 공부를 바라보셨다.

첫째로는 인격수양의 첫걸음이요, 둘째로는 사람들에게 세상의 이치를 알려주는 도구로 생각하셨다. 공자의 이런 생각이 드러나는 문구가 아고기량단이갈언(我叩其兩端而竭焉)이다. 아고기량단(我叩其兩端)은 양쪽을 다 털고 두드린다는 의미로, 즉 내가 아는 모든 것을 알려주겠다는 의미를 담고 있다.

요즘 아이들이 우스갯소리처럼 하는 말이 학교는 다녀야 하는 곳이고 학원은 공부하는 곳이라고 한다. 그 이유 가운데는 자신의 모든 걸 다 털어서 알려주겠다는 참된 스승을 만나지 못한 까닭도 있지 않을까?

공부로 나의 눈을 넓히다

夫子 循循然 善誘人 博我以文 約我以禮
부자(이) 순순연 선유인(하사) 박아이문(하시고) 약아이례(하시니라)
자한(子罕)

    사람의 특징 중 하나는 다른 동물과 비교할 수 없을 정도의 긴 교육기간이다. 우리나라를 비롯한 많은 국가들은 유치원에서부터 대학 졸업까지 20년 넘게 교육을 하는 것이 보통이다. 이처럼 긴 교육기간동안 사람은 지식을 쌓고 사람으로 지켜야 할 기본적인 도리를 습득한다.

    공자의 제자 안연(晏然) 또한 자신의 스승인 공자에 관해 이렇게 말했다. 부자(夫子)이 순순연(循循然) 선유인(善誘人)하사 박아이문(博我以文)하시고 약아이례(約我以禮)하시니라에서 선생님께서는 차근차근 사람을 잘 이끌어 주시고 학문으로 나를 넓혀주시며, 예로써 나의 언행을 단속해 주신다고 하였다.

    공자가 행하신 교육의 특징 가운데 하나가 완벽한 맞춤교육이었다는 점이다. 공자께서는 안연과 자로(子路), 자공(子貢) 등 제자들의 특성을 완벽하게 파악해 그들에게 꼭 필요한 맞춤식 교육을 실시하였다. 공자께서는 절대로 제자들을 윽박지르거나 당신의 뜻을 앞세워 강압적으로 끌고나가지 않으셨다. 다만 학문으로서 제자를 변화시키고 예를 세울 수 있도록 가르쳐주심으로써 마땅히 사람의 도리를 갖추고 살 수 있도록 도와주셨다.

    이보다 더 자신의 스승을 예찬하는 글이 있을 수 있을까? 볼수록 깊이 빠져드는 글귀이다.

선배보다 무서운 후배

後生可畏 焉知 來者之不知今也
후생(이)가외(나) 언지 래자지불여금야(이리오)
자한(子罕)

퇴계 이황(李滉)이 율곡 이이(李珥)를 처음 대면했을 때 한 말이 후생가외(後生可畏)이다. 당시 퇴계의 나이는 58세였으며, 율곡은 겨우 23세였다. 퇴계는 도산서원에서 은거하며 학자로서의 명성이 자자했던 시기였지만 율곡은 떠오르는 신예 사림으로 인정받고 있던 즈음이었다.

나이 차나 명성에서나 퇴계가 한 수 위였지만, 그는 후생가외(後生可畏), 즉 '후생은 두려워할 만하다'는 논어의 구절을 인용하며 그가 이끌어나갈 재목임을 인정하였다. 이들의 만남은 이후 율곡이 현실 정치에 참여하고, 퇴계가 후학을 양성하는 것으로 각자 가는 길이 달라졌지만 끊임없는 서신의 교환과 질문으로 평생 동안 이어졌다.

그 후 두 사람의 성리학 사상은 실학과 위정척사 사상 등으로 면면히 이어지면서 조선시대 후기를 지배했고, 어려운 가운데서도 조선을 버티고 유지하게 하는 중심 사상이 되었다.

공자께서는 후생가외(後生可畏) 언지래자지불여금야(焉知來者之不知今也)라는 구절을 통해 뒤에 오는 사람들을 두려워해야 한다고 말씀하셨다. 왜 뒤에 오는 후생들이 더 두려운 것일까? 그것은 바로 후대의 젊은 학자들이 학문을 더 발전시킬 것이기 때문이다.

하지만 뒤에 오는 사람들이 아무런 노력도 하지 않고, 학문도 발전시키지 않이 하더으로 인정받지 못한다며 그들 또한 두려워할 바가 없다고 덧붙이셨다,

친구, 서로의 인격을 높이는 존재

君子 以文會友 以友輔仁
군자 이문회우(하고) 이우보인(이니라)

안연(顔淵)

사람은 혼자 살 수 없는 존재이다. 걸음마를 떼면서부터 학교를 다니고, 직장생활을 하며 나이가 든 후에도 함께 어울릴 수 있는 친구가 있어야만 한다. 그리고 친구와 함께 일상의 즐거움을 찾고 협력을 하고 일을 도모한다.

군자(君子) 이문우회(以文會友)하고 이우보인(以友輔仁)이니라는 우리가 왜, 어떤 친구를 사귀어야 하는지를 알려주는 글귀이다. 이 글귀를 풀이하면 서로 어울려 놀고 즐기기 위해서 친구를 사귀는 게 아니고 학문이나 글로써 벗하며 벗함으로써 서로의 인덕을 도와주고 높이는 역할을 하는 것이 친구라는 것이다.

요즘 일부 중고생들이 친구를 사귀는 것을 보면 이 말을 자주 떠올리게 된다. 6~10명씩 힘 있는 아이들끼리 패를 지어서 함께 어울려 다니지만 서로의 학문이나 인격에 도움을 주기는 커녕 약한 아이들을 괴롭히며 말썽을 피우다가 결국 인생의 출발점에서 커다란 오점을 남기기 때문이다.

'개를 따라가면 측간으로 가고, 도둑놈을 사귀면 감옥소로 간다'는 말은 괜한 허언이 아니다. 학문을 중심으로 친구를 사귀고 서로 예절을 갖출 수 있도록 서로의 인격을 높여줌으로써, 앞으로 국가와 세계를 경략할 수 있는 훌륭한 벗으로 성장하기를 기원해 본다.

나는 농부만 못 하다

樊遲 請學稼 子曰 吾不如老農
번지(이) 청학가(한대) 자왈 오불여로농(호라)
자로(子路)

공자의 제자 중 한 사람인 번지(樊遲)가 농사를 배울 결심을 하고 이를 자신의 스승인 공자에게 여쭤보았다. 그러자 공자는 조금 냉랭한 얼굴로 번지에게 '나는 농부만 못 하다. 즉 농사를 잘 모르기 때문에 너에게 농사를 가르쳐줄 능력이 없다'는 대답을 하셨다.

공자의 제자인 번지가 어떤 이유로 농사를 배우려고 하는지는 논어에 나와 있지 않다. 다만 번지가 질문을 마치고 방을 나간 뒤에 공자께서 번지는 참으로 소인이다. 윗사람이 자신의 도의와 신의만 제대로 지킨다면 백성들이 저절로 복종하고 성실하게 자기 일을 할 텐데 어찌 군자가 농사를 배우려고 하는지 모르겠다. 이렇게 된다면 사방에 있는 여러 나라 백성들이 자기 자식을 포대기에 싸 업고 올 것이라는 말씀을 하셨다.

번지(樊遲)이 청학가(請學稼)한대 자왈(子曰) 오불여로농(吾不如老農)에서 가(稼)는 심는다는 뜻이며 오(吾)는 공자가 스스로를 지칭한 말씀이다.

안타깝게도 공자께서는 이 구절로 인해 사방에서 많은 비난을 받았다. 하지만 공자께서 농사를 천대하거나 농부를 멸시한 것은 아니며, 다만 군자와 농부 모두 자신의 자리에서 스스로의 역할에 충실한 것이 세상의 도를 만들어 가는 지름길이라는 말씀을 하신 것뿐이다.

153

요즘 공부하는 사람들은

古之學者爲己 今之學者爲人
고지학자(는) 위기(러니) 금지학자(는) 위인(이로다)
헌문(憲問)

공자께서는 배우기를 좋아하셨던 호학지사(好學之士)셨다. 평범한 사람으로 태어났기 때문에 하나하나 배우고 익히는 과정을 밟으신 것이다.

공자의 학문은 흔히 위기지학(爲己之學)이라 불린다. 이것은 스스로의 덕행을 쌓고 학문적 수양을 쌓기 위해 공부를 한다는 말이다. 이 같은 배움을 선택한 사람들은 자기가 모르는 것을 솔직하게 인정하고 자기가 배울 것을 스스로 찾아내며, 나이가 지긋해질 때까지 멈춤없이 학문을 연마하게 된다.

그러나 위인지학(爲人之學)에 몰두하는 사람들은 다른 사람들에게 잘 보이고 세상에서 비싼 값에 쓰이기 위한 방편으로 학문에 열중하게 된다. 그래서 이들은 스스로 덕행을 쌓는 것보다 다른 사람의 평가와 칭찬에 민감하며, 또한 자신의 뜻대로 학문을 택해 평생 정진하기보다는 시류에 맞는 학문을 선택해 그때그때 빠르게 처세의 방편으로 이용하게 된다.

'고지학자(古之學者)는 위기(爲己)러니 금지학자(今之學者)는 위인(爲人)이로다'는 공자의 이 같은 학문에 대한 노력과 성취의 모습을 잘 보여주는 구절이다. 즉 옛날에 공부하던 사람들은 자기 수양을 위해서 학문에 정진했으나, 오늘날 공부하는 사람들은 남에게 잘 보이고, 재빨리 팔려 나가기 위해 학문에 열중한다라는 뜻이다.

학문에 대한 자세를 생각하게 해주는 글귀이다.

역시 배움이 답이다

吾嘗終日不食 終夜不寢 以思 無益 不如學也
오상종일불식(하며) 종야불침(하야) 이사(하니) 무익(이라) 불여학야(이로다)

위령공(衛靈公)

공자께서 학문을 익히는 방법은 두 가지가 있었다. 하나는 지식을 익히는 방법이었으며, 또 하나는 습득한 지식을 바탕으로 깊은 사색을 병행하는 방법이었다. 실제로 공자께서는 위정(爲政)편에서 '학이불사즉망(學而不思則罔)하고 사이불학즉태(思而不學則殆)니라' 라는 말씀을 통해 배우기만 하고 생각하지 않으면 구할 수 있는 것이 없고, 생각만 하고 배우지 않으면 위태로울 수 있다는 말로 지식의 습득과 사색 모두가 중요한 학문적 방법임을 강조하셨다.

그러나 '오상(吾嘗) 종일불식(終日不食)하며 종야불침(終夜不寢)하야 이사(以思)하니 무익(無益)이라 불여학야(不如學也)이로다' 는 사색보다 학문의 습득을 더 강조한 말씀이다.

나는 전에 종일 동안 먹지도 않고 밤새도록 자지도 않고 생각을 거듭했지만 별다른 이득이 없었다. 역시 배우는 것만 못하다라고 말씀하셨기 때문이다.

그러나 이런 면에서 생각한다면 요즘은 학문을 습득하는데 있어 사색이란 부분이 너무 등한시되는 듯하다. 철학이나 문학, 윤리학처럼 사색의 과정이 필요한 과목들은 아예 외면을 당하고 지식을 습득하는 학문만 강조되기 때문이다.

하지만 공자께서 말씀하신 것처럼 가장 좋은 앎이란 지식을 습득하는 것과 사색을 동시에 하는 것임을 유념해 두자.

천재는 늘 부러움의 대상이다

生而知之者 上也
생이지지자(는) 상야(요)
계씨(季氏)

앎[知]은 배움[學]이 있어야 가능한 일이다. 아무리 머리가 좋은 사람이라 해도 배우지 않고서는 앎을 쉽게 터득할 수 없다. 그래서 배운다는 것은 끊임없는 실천과 노력이 필요한 일이며 학문의 길은 어렵고 힘들 수밖에 없다.

그러나 세상에는 때로 배우지 않고도 아는 사람들이 있다.

공자께서도 생이지지자(生而知之者)는 상야(上也)요라는 구절을 통해 나면서 스스로 아는 사람이 으뜸이라고 말씀하셨다.

하지만 나면서부터 아는 사람이 과연 몇 명이나 될까? 공자 같은 분조차 스스로 배우고 익혀서 알게 되었다고 말씀하실 정도이니 말이다.

생이지지자(生而知之者)는 상야(上也)요에서 '생이지지자'는 천성이 총명해서 스스로 천도(天道)를 깨닫는 사람을 말한다.

하나를 배워서 하나도 제대로 기억하기 힘든 우리 같은 평범한 사람들로서는 부럽기 짝이 없는 말이다. 그러나 세상은 이렇게 똑똑한 사람보다는 우리처럼 자기 자리에서 최선을 다해 열심히 노력한 사람들이 만들어간 세상이 아닐까?

학문의 바른 기쁨과 자세 또한 하나하나 성실하게 익히고 노력함으로써 앎의 단계를 만들어 나가는 과정이라고 생각한다.

배워서 아는 것도 좋다

學而知之者 次也
학이지지자(는) 차야(요)
계씨(季氏)

'높은 배움은 정신으로 듣고, 중간 배움은 마음으로 들으며, 낮은 배움은 귀로 듣는다' 는 말이 있다. 우리는 성인(聖人)이 아닌 평범한 사람으로 태어났으니 배워서 아는 수밖에 없다.

그러나 많은 사람들은 이 당연한 이치를 인정하지 않으면서 자신의 나쁜 머리와 힘들고 어려운 학문의 길을 원망한다. 나는 왜 텔레비전에 나오는 영재나 수재처럼 머리가 좋지 않은지? 어떤 천재처럼 한 번만 책을 읽으면 원하는 지식을 모두 섭렵할 수 있다면 얼마나 좋을까 하는 생각을 하는 것이다.

그러나 인류 4대 성인으로 꼽히는 공자께서도 자신의 머리와 학문의 어려움을 탓하지 않으시고 스스로 배워서 익히는 학문의 길을 선택하셨다. 학이지지자(學而知之者)는 차야(次也)요는 배워서 아는 것이 좋다는 공자의 뜻이 담겨 있는 문구이다.

천리마는 타고난 능력으로 하루에 백 리를 달릴 수 있다. 그러나 우리처럼 평범한 말들은 하루에 십 리씩 열흘을 달려 목적지에 도착하면 된다. 한 가지 다행스러운 것은 앎이라는 목적지가 결코 도망가는 일은 없다는 사실이다.

막히면 애를 쓰고 배워라

困而學之 又其次也
곤이학지(는) 우기차야(이라)

계씨(季氏)

곤이학지(困而學之)는 우기차야(又其次也)이라에서 곤(困)은 곤란하다는 의미를 넘어서서 통하지 못하는 바가 있다는 말이다. 이 글귀를 해석하면 학문에 통하지 못해 애를 쓰고 배우는 사람은 그 다음이라는 의미이다. 더 풀어서 말하면 학문을 배우기 위해 애를 쓰지만 머리와 능력이 모자라 애를 쓰는 평범한 사람은 그 다음이라는 것이다.

공자께서는 능력이 부족하다는 이유로 학문을 중단해서는 안 된다고 말씀하셨다. 만약 스스로의 능력이 모자라다며 학문을 손에서 놓게 되면 그는 군자로서 영원히 배움을 익히고, 덕행을 쌓을 수 있는 기회를 놓칠 수 있기 때문이다.

천재라 불리는 아인슈타인의 어릴 적은 오히려 둔재(鈍才) 쪽에 더 가까웠다. 어릴 적 아인슈타인은 말더듬이었으며, 초등학교에서는 학습 지진아로 판정받아 한동안 엄마와 함께 공부를 해야 했다. 이뿐 아니라 고등학교를 중퇴했고, 원하던 공과대학 입학에 실패하기도 했다. 그러나 아인슈타인은 부진한 학업을 원망하지 않고 끝까지 공부하고 연구하였다. 그때 아인슈타인이 학문의 길을 포기했다면 우리는 위대한 천재 한 사람을 잃고 말았을 것이다.

그러므로 머리가 나빠서 학업 성적이 부진하다는 것은 노력을 다하지 않은 사람의 자기합리화이다. 천재로 태어나지 못 했다면 지독하게 애를 써서 공부하는 것도 방법이다.

조금 어렵다고 쉽게 포기하는 사람

困而不學 民斯爲下矣
곤이불학(이면) 민사위하의(니라)
계씨(季氏)

교육은 타고난 조건을 문제 삼지 않는다. 머리를 좋게 타고 났거나 평범하거나 혹은 머리가 좋지 않거나를 가리지 않고 배움에 정진하도록 한다. 만약 공부를 하는데 타고난 조건이 문제된다면 부모의 교육정도나 학생들의 아이큐 등을 문제삼아 학습권을 박탈할 수도 있지만, 근래로 넘어와서 교육의 기회는 누구에게나 열려 있기 때문이다.

공자께서도 누구나 최선을 다해 열심히 노력하면 지지(知之)하게 된다는 말씀을 하셨다. 공자 스스로도 학이지지자(學而知之者)를 자처하며 평생 배움을 갈구하셨기 때문이다. 그리고 실제로 이런 장애를 넘어서면 누구나 앎의 경지에 이를 수 있다.

그러나 가장 문제 되는 경우가 바로 곤이불학(困而不學)이면 민사위하의(民斯爲下矣)니라 같은 예였다. 곤(困)은 막혀서 어느 곳과도 통하지 않는 경우를 말하는데, 이렇게 불통(不通)해 답답한 상황에서도 전혀 배울 생각을 하지 않는 사람들이 적지 않다는 것이다.

배운다는 것은 단순히 지식을 습득하는 것뿐 아니라 널리 삶의 이치를 깨닫고 알게 된다는 것이다. 그러나 배움의 기미가 없는 사람들은 자신의 삶에 대한 개선의 의지가 없고 어떤 발전도 기대할 수 없는 사람들이다. 결국 이들은 백성들에게 하치(下矣)라는 손가락질을 받게 된다. 군자가 배움을 귀하게 여겨야 하는 까닭이 바로 여기 있다.

너는 시를 배웠느냐?

陳亢 問於伯魚曰 子亦有異聞乎 對曰 未也 嘗獨立
진항(이) 문어백어왈 자역유이문호(아) 대왈 미야(로라) 상독립(이어시늘)
鯉趨而過庭 曰學詩乎 對曰 未也
이추이과정(이러니) 왈학시호(아) 대왈 미야(로이다)

계씨(季氏)

이 구절은 공자의 제자인 진항(陳亢)이 공자의 아들인 백어(伯魚)와 나눈 대화이다. 어느 날 진항이 백어에게 물었다. '당신의 아버님인 공자께서 남다른 가르침을 주신 게 있나요?' 그러자 백어는 담담한 얼굴 표정으로 '없습니다. 하루는 아버지께서 제가 뜰 앞을 지나자 이렇게 물어보신 일은 있습니다. 너는 시(詩)를 배웠느냐? 그래서 저는 아직 배우지 못했습니다' 라고 대답했습니다.

공자께서는 왜 아들인 백어에게 시를 배웠느냐고 물어보셨을까?

요즘 시대에 시는 환영받지 못하고 있다. 쉽게 이해할 수 없고, 사는 데 별다른 도움이 되지 않는다는 이유로 시집의 판매율은 해마다 떨어지고 있다.

그러나 공자께서는 시를 일컬어 학시호(學詩乎)라고 하셨다. 학시호에서 시(詩)는 문(文), 자(字), 음률(音律) 등의 모든 분야를 일컫는 것이며, 궁극적으로 학문과 덕행의 습득을 통한 예(禮)의 단계로 나갈 수 있는 토대라고 강조하고 있다.

그래서 공자께서는 자신의 아들인 백어에게 시를 배우지 않으면 다른 사람과 함께 이야기를 할 수 없다고 말씀하셨다. 시를 모르면 예를 알 수가 없고, 예를 모르면 함부로 날뛰게 돼 다른 사람과 조화롭게 지낼 수 없기 때문이다. 시를 읽어야 하는 이유가 바로 그것이다.

물러나 시를 공부하다

不學詩 無以言 鯉 退而學詩
불학시(면) 무이언(이라시거늘) 이 퇴이학시(호라)
계씨(季氏)

진항(陳亢)이 공자의 아들인 백어(伯魚)에게 이 같은 질문을 한 것은 숨겨진 뜻이 있었다. 아무리 공자라 해도 자신의 아들인 백어에게는 특별한 교육을 하시지 않았을까 하는 생각 때문이었다. 그러나 백어는 아버지인 공자에게 특별한 교육을 받은 일이 없으며 이날 또한 '시(詩)를 배우지 않으면 남과 더불어 말할 수 없다'는 평범한 이야기를 들었을 뿐이다.

시를 비롯해 학문(學文)을 배우는 것은 평생에 걸쳐 이루어야 하는 일이다. 그리고 시를 공부해 예(禮)를 지키는 것 역시 평생에 걸쳐 수행해야 하는 일이다. 또한 공자께서 말씀하신 예는 가까운 사람들 사이에서 지켜야 하는 단순한 예절의 의미에 머무는 것이 아니다.

이 당시의 예는 사람 사이의 단순한 예절을 넘어 사회질서가 되고 지배질서의 역할까지 맡고 있었다. 따라서 예를 어기는 사람은 사회질서를 어기는 사람이고 나아가 사회질서의 파괴범으로까지 여겨질 수밖에 없었다.

따라서 예는 절대로 넘어서서는 안 되는 선이었다. 공자가 백어에게 시를 익히고 예를 강조한 까닭도 여기에 있다. 그러나 공자는 많은 사람들이 생각하는 것처럼 예를 지키기 위해 예를 강조한 분은 아니었다. 공자가 예를 우선시한 이유는 무엇보다 사람을 우선시했기 때문이다. 그의 아들 백어가 말없이 물러나 퇴이학시(退而學詩), 즉 시를 공부했다고 말한 까닭도 바로 여기에 있다.

배우고 익힘이 중요한 까닭

性相近也 習相遠也
성상근야(이나) 습상원야(이니라)
양화(陽貨)

조조가 죽자 그의 큰아들 조비가 왕좌를 물려받았다. 조비에게는 글 잘하고 성품 좋은 동생 조식이 있었다. 조식을 지지하는 신료들도 있었으나 장자였던 조비가 왕좌를 물려받았다. 그런데 조식은 조비가 왕좌에 올랐는데도 형을 알현하러 오지 않아 조비의 미움을 받게 되었다. 순식간에 동생이 아니라 왕권을 위협하는 정적이 된 것이다.

화가 난 조비는 조식을 잡아와 일곱 걸음을 걷는 동안 형제라는 주제로 시를 지을 것을 명하였다. 이와 함께 형제라는 단어가 들어가서는 절대 안 된다고 하였다. 그때 조식은 이런 시를 지었다. '콩깍지를 태워 콩을 삶으니 솥 속에 콩이 울면서 말하기를 원래 한뿌리에서 나왔거늘 어찌 그리 급하게 볶아대는가?'

조비와 조식은 한 아버지에게서 나왔지만 후천적인 변화에 따라 완전히 다른 사람으로 바뀐 것이었다. 한 부모 밑에서 난 형제도 이 정도인데 서로 다른 환경에서 배우고 익힌 사람들은 비슷한 인간 본성을 가졌다해도 완전히 달라지고 멀어질 수밖에 없다.

공자께서는 성상근야(性相近也) 습상원야(習相遠也)라는 구절을 통하여 인간의 본성은 서로 비슷하지만 배우고 익힘에 따라 서로 달라지고 만들어진다고 하였다. 내가 읽는 책과 만나는 사람에 의해 내가 만들어짐을 기억해야 하는 까닭이다.

공부가 좋은 사람들

子夏曰 日知其所亡 月無忘其所能 可謂好學也已矣
자하왈 일지기소망(하며) 월무망기소능(이면) 가위호학야이의(니라)

자장(子張)

공자의 제자인 자하(子夏)는 문학(文學) 분야에서 뛰어난 재능을 갖고 있었다. 여기서 말하는 문학이란 단순히 문(文)을 의미하는 것이 아니라 시(詩)와 서(書), 음률(音律) 등을 아우르는 것을 말한다.

자하왈(子夏曰) 일지기소망(日知其所亡)하며 월무망기소능(月無忘其所能)이면 가위호학야이의(可謂好學也已矣)니라에서 일지(日知)는 날마다 새로 깨달아 안다는 의미다. 또한 월무망(月無忘)은 달을 거듭해도 잊지 않는다는 말이며, 호학(好學)은 단순히 배우는 것을 좋아한다는 의미를 넘어 옛날의 자료들을 연구하고 공부함으로써 이를 기반으로 인덕(人德)을 실천하는 단계까지 나간다는 말이다.

따라서 자하가 말하는 '날마다 모르던 바를 알고 달마다 능히 하던 바를 잊지 않고 행하면, 가히 배우기를 좋아한다고 말할 수 있다'는 말은 일종의 온고이지신(溫故而知新)에 속하며 공자께서 강조하신 학이지(學而知)와 맥을 같이한다고 할 수 있다.

그러나 날마다 새로운 것을 깨우치고, 달마다 내가 실천하던 일들을 잊지 않고 그대로 실천한다는 것은 얼마나 힘들고 어려운 일인가? 자하는 우리들에게 학문을 통한 일신일일신우일신(日新日日新又日新)을 강조하고 있다.

잘못을 고치는 걸 꺼리십니까?

小人之過也 必文
소인지과야(는) 필문(이니라)
자장(子張)

논어에는 군자(君子)와 함께 소인(小人)에 관한 이야기가 많이 나온다. 군자는 학문과 덕행을 쌓아 인애(仁愛)를 실천함으로써 장차 성인의 반열에 오르기를 희망하는 사람이다. 그러나 소인은 천도(天道)를 무시하고 자신의 이(利)와 사욕(私慾)을 유지하기 위해 애쓰는 사람으로 언급되고 있다.

소인지과야(小人之過也)는 필문(必文)이니라는 말은 '소인은 잘못을 하면 반드시 변명을 하거나 얼버무려 속이려고 한다'는 의미를 담고 있다. 필문은 반드시 변명하거나 말을 꾸며서 얼버무린다는 말인데 여기서 문(文)은 꾸민다는 의미를 가지고 있다.

그렇다면 소인은 왜 잘못을 고치는 것을 꺼리고 스스로를 속이는 것도 꺼리지 않는 걸까? 이는 바로 앞에서 말한 것처럼 자신의 사사로운 이를 지키기 위해서이다.

그러나 문제는 세상 사람 대부분이 자신이 군자는 아니어도 적어도 소인은 아니라고 생각하는 경우가 많다는 것이다. 그러나 자신의 이익과 사욕을 위해 자신의 잘못을 고치지 않고 스스로를 속이는 사람은 모두 소인이라고 할 수 있다.

자신이 잘못을 부끄러워하고 고치려 하는 사람인지, 아니면 잘못을 고치는 것을 꺼리는 사람인지 한 번 생각해 보자.

배움의 뜻을 더 단단히 세우며

博學而篤志 切問而近思 仁在其中矣
박학이독지(하며) 절문이근사(하면) 인재기중의(니라)
자장(子張)

박학이독지(博學而篤志)하며 절문이근사(切問而近思)하면 인재기중의(仁在其中矣)니라는 자하(子夏)가 한 말로, 그는 박학(博學), 독지(篤志), 절문(切問), 근사(近思)의 네 가지 말 속에 인(仁)이 들어 있다고 하였다.

박학이란 학문을 넓게 익히고 실천하는 것으로 학문을 넓게 배우지 못하면 편협한 생각에 빠져 나를 단속하기 어렵다는 뜻이다. 독지는 뜻과 생각을 독실하게 갖는다는 의미로 힘써 실천하기 위한 방편이다.

또한 절문은 일상생활에서부터 스스로와 사물에 의문을 제기하고 해답을 구하기 위해 노력한다는 뜻이다. 마지막으로 근사란 자기 자신을 중심으로 가까이 묻고 생각하는 것을 말한다. 즉 가까운 일상에서부터 생각하고 실천하라는 의미를 담고 있다.

그러나 자하는 이 네 가지 말이 그 자체로 인을 나타내는 것은 아니지만 이 말을 실천하면 분명히 인이 포함돼 있다고 말한다. 박학, 독지, 절문, 근사의 네 가지 말을 실천하면 앎의 공부를 이룰 수 있고, 앎의 공부에 이르면 마음이 밖으로 달아나지 않도록 할 수 있기 때문이다.

마음이 밖으로 달아난다는 것은 어떤 의미일까? 그것은 명예, 이익, 벼슬 등 소인의 일에 마음을 빼앗기는 것을 말한다. 배움의 뜻을 더 단단히 세워야 하는 이유를 알 수 있다.

덕을 아는 사람이 드물다

子曰 由 知德者鮮矣
자왈 유(아) 지덕자선의(니라)
위령공(衛靈公)

모든 시대는 난세라는 말이 있다. 각 시대마다 해결해야 할 문제가 있고, 이 문제들의 해결방법을 찾기가 좀처럼 쉽지 않기 때문이다. 돌이켜보면 해방 이후부터 지금까지 한 시대도 평안하게 느껴지던 때는 없었다. 모두 좀 더 나은 해결 방법을 찾아 부산하게 움직였지만 언제나 도리(道理)는 땅에 떨어졌고 덕(德)은 찾아보기 어렵다는 개탄이 흘러 나왔다.

공자께서는 자신의 제자인 유(由), 즉 자로(子路)에게 유(由) 지덕자선의(知德者鮮矣)니라라고 말씀하셨다. 이 말을 풀이하면 '유야, 덕을 아는 사람이 참으로 드물구나' 이 문구에서 가장 눈여겨 볼 말은 지(知)와 덕이다. 지는 안다는 의미를 넘어 도(道)를 배우고 알고 깨닫고 실천하는 일을 뜻하고 있다. 또한 덕은 도를 실천해서 얻은 훌륭한 결실들을 의미하는 것이다.

공자의 말씀을 음미해 보면 당장 덕이 부족한 것이 문제가 아닌 듯하다. 덕을 실천하기 위해서는 도가 필요하며 도를 실천하기 위해서는 학문(學文)을 쌓고 이를 바탕으로 스스로를 수신하는 노력이 필요하다. 그러나 오직 이(利)를 위해서 학문을 찾고, 이익을 위해 수시로 표변(豹變)하니 도와 덕이 쌓일 틈이 없는 것이다. 결국 내가 먼저 도를 실천하면 덕이 빛을 발하고 그 결과 공자의 걱정과 달리 세상은 덕을 아는 사람으로 가득차게 될 것이다.

세상에 나가고 싶다면

仕而優則學 學而優則仕
사이우즉학(하고) 학이우즉사(니라)

자장(子張)

학교를 졸업하는 것과 동시에 공부를 끝마치는 것으로 생각하는 사람들이 대부분이다. 직장인 가운데도 일 년 내내 책 한 권 읽지 않는 사람이 의외로 많다.

그러나 공자께서는 벼슬하는 것과 학문하는 일이 모두 군자가 해야 할 중요한 일이라고 말씀하셨다. 곧 학문을 닦는 것은 수기(修己)라 해서 자신을 수행하는 일이며, 벼슬을 하는 것은 치인(治人)이라 해서 이를 실천하는 것이기 때문이다. 따라서 요즘 세상으로 말하면 직장생활을 비롯해 자신이 맡은 일과 공부가 똑같이 중요한 일이 되는 것이다.

사이우즉학(仕而優則學)하고 학이우즉사(學而優則仕) 니라는 벼슬을 하면서 여력이 있으면 배우고, 배우면서 여력이 있으면 벼슬을 한다는 뜻이다.

실제로 벼슬을 하면서 학문을 닦으면 벼슬한 경험으로 학문의 이치를 다시 생각할 수 있으며, 공부를 하면서 직장일을 하면 자신이 닦은 학문을 직접 일에 적용시켜 볼 수 있다. 따라서 일하면서 공부하는 사람이나 벼슬을 하면서 공부하는 사람은 자기 발전을 더 가속화시킬 수 있다.

요즘에는 학교를 마친 뒤에도 스스로를 위해 공부할 수 있는 길이 너무도 많다. 자신의 발전을 가속시킬 수 있는 방법을 모색해 보자.

공자께서는 누구에게 배우셨나요?

衛公孫朝 問於子貢曰 仲尼焉學
위공손조(이) 문어자공왈 중니(는) 언학(고)
자장(子張)

공자께서 태어나면서부터 모든 것을 아는 분이었는지 아니면 하나하나 배우고 익혀서 깨달은 사람인지 종종 논쟁이 벌어지곤 하였다. 오죽하면 자공(子貢)이 자신의 스승인 공자에게 '그렇습니까, 그렇지 않습니까?'라고 물어볼 정도였을까? 그때 공자는 대답하셨다. '나는 태어나면서부터 아는 사람이 아니라 옛것을 좋아해 애써 구하는 사람'이라고 하셨다.

위공손조(衛公孫朝)이 문어자공왈(問於子貢曰) 중니(仲尼)는 언학(焉學)고는 위나라의 대부 공손조가 자공에게 '공자께서는 누구에게 배우셨는지?'를 물어본 것이다. 중니는 공자의 자(字)이며 언(焉)은 어디에, 어디에서라는 뜻을 가지고 있다.

공자께서 옛것을 좋아해 애써 구하는 사람이라고 말한 것처럼 그는 요순(堯舜)과 우(禹), 탕(湯), 문(文), 무(武), 주공(周公)과 같은 옛것 속에서 이들의 도를 배우기 위해 노력하였다. 훌륭한 선인의 말씀과 책이라면 가리지 않고 모았으며, 빠뜨리지 않고 열심히 듣기 위해 노력했다.

이러한 노력의 결과 공자는 옛것들을 새롭게 정리하고 연구해서 하나의 독자적인 학문의 체계를 세울 수 있었다. 그래서 공자는 하나의 이치로 모든 일을 꿰뚫어 보는 일이관지(一以貫之)의 경지에 오를 수 있었다.

스승의 길, 가르치며 깊어가는 지혜

제7장 [성인의 길]

공자를 사랑한 사람들

신의가 없으면 쓸모를 알 수 없다

人而無信 不知其可也
인이무신(이면) 부지기가야(라)

위정(爲政)

조선시대 거상 임상옥(林尙沃)이 난봉꾼이자 술꾼에게 사기를 당했다는 소문이 퍼진 일이 있었다. 장사 밑천을 하겠다며 돈을 빌려갔는데 어디론가 사라져 나타나지 않고 있다는 소문이었다. 임상옥은 소문에 별로 개의치 않았다. 그 후 어느 날 그 난봉꾼이 빌려간 돈의 몇 배가 되는 인삼을 가지고 나타나 임상옥에게 빌린 돈으로 쳐서 갚았다. 임상옥은 그 사내가 난봉꾼이자 술꾼이었지만 결코 신의를 저버릴 사람이 아니라는 걸 알았고, 결과적으로 임상옥이 본 그대로 그 사람은 돈을 갚은 것이었다.

신의의 중요성은 공자께서도 누누이 말씀하셨다. 인이무신(人而無信)이면 부지기가야(不知其可也)라를 풀이하면 사람이 신의가 없으면 쓸모를 알 수 없다는 말씀이다. 여기서 신은 도리를 바탕으로 한 언행일치를 말하는 것이며, 가(可)는 사람답다는 말로 해석한다.

공자께서는 사거무예(大車無輗)하고 소거무월(小車無軏)이면 기하이행지재(其何以行之哉)라는 비유를 들어 신의의 중요성을 강조하셨는데 이 말은 소가 끄는 큰 수레에 멍에가 없거나, 말이 끄는 작은 수레에 멍에 갈고리가 없다면 어떻게 수레를 끌고갈 것인가라는 뜻이다.

신의 없는 사람은 세상에서 가장 쓸모없는 사람이라는 공자의 말씀이 머리에 맴돈다.

그릇이 작다함은?

管仲之器小哉
관중지기(이)소재(라)
팔일(八佾)

여기서 말하는 관중(管仲)은 우리에게 관포지교(管鮑之交)라는 말로 유명한 관중을 가리키는 말이다. 관중은 어려서부터 친하게 된 포숙에게 여러 차례 도움을 받았다. 관중의 실수를 덮어주기도 하였으며, 동업으로 번 돈을 관중이 더 많이 차지하자 그에게는 부양해야 할 가족이 많다고 감싸주었다. 또한 전쟁터에서 관중이 도망을 치자 이번에는 그에게는 모셔야 할 홀어머니가 계시다며 비난을 감싸주었다. 훗날 관중은 포숙의 천거로 자신이 죽이려 했던 제환공의 사람이 되어 나라의 백년대계를 책임지게 되었다.

그러나 공자께서는 관중을 좋지 않게 생각하셔서 그를 관씨라고 부르며 가벼이 여기셨다.

관중지기(管仲之器)이 소재(小哉)라 하시며 '관중의 기량이 작았다' 고 말씀하시기도 하셨다. 기량이 작다는 말은 관중의 공을 무시하는 말이 아니라 그가 왕을 보좌할 인재가 아님을 나타내는 말이다.

'어떤 사람이 공자께 관중은 검소했습니까' 라고 재차 물었다. 그러자 공자께서는 관중은 세 집 살림을 차렸고, 자신의 가신들을 겸직시키지 않고 한 가지 일만 하도록 시켰으니 어찌 검소하다고 하겠느냐는 대답을 하셨다.

포숙에게는 둘도 없는 친구였을지 몰라도 공자는 관중을 권모술수에 능한 사람으로 여기셨다.

내 사위로 삼고 싶은 청년

子謂公冶長 可妻也 雖在縷絏之中 非其罪也 以其子妻之
자(이) 위공야장(하시되) 가처야(로라) 수재류설 지중(이나) 비기죄야(라하시고) 이기자처지(하시다)

공야장(公冶長)

공자가 자신의 딸을 주어서 사위로 삼은 공야장(公冶長)에 대해서는 자세한 기록이 남아 있지 않다. 공야장은 공자의 제자이기도 했는데 공자께서는 한마디로 그를 사위로 삼을만하다고 말씀하셨다.

그러나 공야장은 요즘 사람들의 눈으로 보면 환영을 받을만한 사윗감은 아니었다. 그는 한때 옥중에 갇혀 있던 전과자였기 때문이다. 하지만 공자께서는 그건 그의 죄가 아니었다고 말씀하셨다. 아마도 공야장은 어떤 살인 사건에 휘말려 괜한 오해를 받고 끝내 옥중에 갇혀 포승줄에 묶여 있는 신세까지 몰렸던 것 같다.

자(子)이 위공야장(謂公冶長)하시되 가처야(可妻也)로라 수재류설지중(雖在縷絏之中)이나 비기죄야(非其罪也)라하시고 이기자처지(以其子妻之)하시다에서 처는 처로 삼게 하다라는 동사로 쓰였다. 설(絏)은 검은 새끼줄을 뜻하는데 이때는 감옥에 갇혀 있으면 검은색 새끼줄로 묶어 놓았다.

결국 공자께서는 주위의 걱정과 우려를 뒤로하고 자신의 관점과 판단대로 자신의 딸을 공야장에게 시집보내신 것이다. 주위 사람들에게 이리저리 휘둘리고 체면 때문에 원하지 않는 결혼식도 치르곤 하는 요즘 사람들에 비하면 공자는 인간됨을 더 중시하는 인물관을 가지고 계셨던 것이 틀림없다.

어진 사람

見賢思齊焉　見不賢而內自省也
견현사제언(하며) 견불현이내자성야(니라)
팔일(八佾)

　　요즘은 엄마 뱃속에 있는 태아에게 태명을 지어주는 일이 흔해졌다. 전에
는 '아기'나 '아가' 정도로 불렀던 것 같은데 요즘은 본명과는 또 다른 예쁘
고 의미 있는 태명을 불러주는 것으로 태아에 대한 사랑을 표현하고 있다.

　　태명 가운데 많이 사용되는 것이 '어진'이다. 아직 세상에 태어나지 않은
아기가 세상으로 나오면 스스로에게는 물론 함께 살아갈 사람들에게 어질고
따뜻한 사람이 되기를 바라는 마음일 것이다.

　　공자께서도 또한 어진 사람을 보면 그와 같이 되기를 바라고, 어질지 못한
사람을 보면 스스로 깊이 반성해야 한다고 말씀하셨다.

　　견현사제언(見賢思齊焉)하며 견불현이내자성야(見不賢而內自省也)이라는
바로 공자의 이런 바람이 담겨 있는 말씀이다. 사제(思齊)는 스스로에게 어진
마음이 있기를 바라는 것이며, 내자성(內自省)은 스스로에게 이런 악이 있을
지 두려하는 것이다.

　　그러나 결국 어질고 착한 사람은 부모와 가족의 손에서 태어나고 길러진
다는 사실을 기억하며 공자의 말씀을 다시 한번 새겨야겠다.

귀하게 쓰일 그릇

子曰 女 器也 曰 何器也 曰 瑚璉也
자왈 여(는) 기야(이니라) 왈 하기야(이꼬) 왈 호련야(이니라)
공야장(公冶長)

자공(子貢)이 공자께서 자천(子賤)이 군자라고 칭찬하시는 말씀을 듣고 '저는 어떻습니까'라고 물었다. 공자께서는 가만히 자공을 바라보다가 '자네는 제사에 쓰는 귀한 호련(瑚璉)과 같은 그릇'이라고 대답을 해주셨다.

호련이란 종묘에 제사를 올릴 때 쓰는 그릇으로 여기에는 기장을 뜻하는 서직(黍稷)을 담는다. 즉 당시 자공은 벼슬에 오른 것도 아니요, 학문으로 공자에게 완전히 인정을 받은 상태도 아니었지만 앞으로 더없이 귀한 그릇이 될 것이라는 칭찬을 받은 것이다.

'될성부른 나무는 떡잎부터 다르다'는 말처럼 자공의 됨됨이를 알아보신 것이었다.

이처럼 될성부른 나무가 떡잎부터 인정을 받는 경우가 있다. 백범 김구 또한 젊은 시절 자신의 스승에게 많은 인정을 받았다. 백범의 스승은 백범을 자신의 손주 사위로 삼고 싶을 만큼 아꼈다고 한다. 그러나 백범은 머슴과 같은 생활을 하는 자신에게는 과분하다며 사양했다.

나의 그릇은 어느 정도일까? 간장 종지만한 사람인지, 아니면 제사에 올린 호련 같은 사람인지 돌아봐야겠다.

아직 중요한 일을 맡을 자신이 없습니다

子使漆雕開仕 對曰 吾斯之未能信 子說
자사칠조개(로)사(하신대) 대왈 오사지미능신(이로소이다) 자열(하시다)
공야장(公冶長)

칠조개(漆雕開)는 공자의 제자 가운데 한 명으로 자는 자약(子若)이다. 칠조개에 관한 기록이 별로 없어 자세한 인물평은 알 수 없지만 상당한 학문적 성취를 이룬 것으로 예상된다. 왜냐하면 공자께서 직접 그에게 벼슬을 권하셨기 때문이다.

그러나 칠조개는 공자의 이런 권유를 물리치고 스스로 아직 벼슬을 감당할 자신이 없다면서 이를 사양했다. 그런데 놀라운 것은 공자가 이를 매우 기뻐했다는 사실이다.

요즘 시각으로 보면 칠조개는 바보였을지도 모른다. 누구나 원하던 벼슬이 바로 손안에 들어왔는데 자신의 능력이 아직 이를 감당할 능력이 안 된다면서 사양해 버렸기 때문이다.

자(子) 사칠조개(使漆雕開)로 사(仕)하신대 대왈(對曰) 오사지미능신(吾斯之未能信)이로소이다, 자열(子說)하시다에서 사(仕)는 벼슬에 나간다는 말이며, 사지(斯之)는 그렇게 하다라는 의미이다.

자신의 부족한 점을 속이고, 거짓말로 일관하면서도 어떻게 하든 벼슬에 나가려고 애쓰는 요즘 사람들을 보며 공자께서 자신의 제자 칠조개가 작은 벼슬에 매이지 않고 큰 뜻을 향해 나가는 것을 보며 기뻐하시는 이유를 알 것도 같다.

하나를 들어 하나를 안다는 것

女與回也 孰愈 對曰 賜也 何敢望回
여여회야(로) 숙유(오) 대왈 사야(는) 하감망회(리이꼬)
공야장(公冶長)

현재 대한민국에서 가장 주목받는 천재 집안이 장재식, 장하진 가문이다. 장재식 씨는 전 산업자원부 장관이며, 장하진 씨는 전 여성부 장관이다. 이들은 삼촌과 조카 사이로도 유명한데 장씨 집안은 1세대에는 독립운동에 투신했으며, 2세대는 주로 정치인과 관료로 활약했다. 3세대는 학자가 많은데 그중에서도 가장 주목받는 사람이 《그들이 말하지 않는 23가지》의 저자로 유명한 장하준 영국 케임브리지대 경제학 교수이다.

이처럼 대한민국을 넘어 세계적인 명문가로 자랑할 수 있음에도 늘 겸손과 검소함이 이어진다는 것이다. 이들은 자신들이 아버지나 할아버지대에 비해 천재성도, 명성도 떨어진다면서 겸손함을 잃지 않고 있다.

공자의 제자 자공(子貢)은 머리가 좋고, 학문적으로 뛰어난 사람이었다. 그는 늘 자신의 능력을 누군가와 비교하는 일에 열중했다고 한다. 이를 잘 아는 공자께서 '너와 안회는 누가 더 낫다고 생각하느냐?'고 물었다. 공자의 뜻을 안 자공이 '제가 어찌 감히 안회를 바라볼 수 있겠습니까?'라고 대답하였다.

자신은 하나를 듣고 겨우 둘을 알지만 안회는 하나를 듣고 열을 알았기 때문이다. 자공은 이 말과는 다르게 스스로를 드러내는 일에 열중했다고 한다.

자공이 장씨 집안의 겸손함을 본받았다면 더 좋았겠다는 생각이 든다.

반드시 문으로 통하라

誰能出不由戶 何莫由斯道也
수능출불유호(리오마는) 하막유사도야(오)
옹야(雍也)

공자께서 말씀하셨다. 수능출불유호(誰能出不由戶)리오마는 하막유사도야(何莫由斯道也)오는 곧 누가 문을 통하지 않고 나갈 수 있나?, 왜 선왕의 도를 따르지 않는가? 여기서 도는 천도천리(天道天理)를 말하는 것이다.

이 글귀는 여러 갈래로 해석할 수 있다. 출은 사람들이 드나드는 문으로 생각할 수 있으며, 여러 사람들이 서로의 생각과 마음을 나눌 수 있는 소통의 창구로 생각할 수도 있다.

그러나 공자의 말씀에 빗대어 가만히 생각해보면 우리 사회는 편하게 다니라고 만들어 놓은 문으로 다니지 않는 사람들이 너무 많다는 생각이 든다. 남의 집을 제 집처럼 드나드는 도둑들이 그렇고, 정당하지 못한 방법으로 뇌물을 받고 불의를 저지르는 사람들이 그렇다.

여기서 선왕의 도는 꼭 왕의 명령이라기보다 우리 사회의 올바른 가치에 대해서 말하는 것으로 생각할 수도 있으니 문을 통하지 않고 담을 넘거나 개구멍으로 드나드는 사람들에 대한 공자의 꾸짖음으로 생각할 수 있다. 어떤 사람들은 우리 사회의 문이 너무 드나들기에 불편하다는 말을 할 수도 있을 것이다. 그러나 그러한 볼멘소리에 공자께서는 문이 불편한 것이 아니라 사람들이 일부러 문을 멀리하는 것이라고 다시 한번 꾸짖으실 것만 같다.

썩은 나무와 질 좋은 나무

宰予晝寢 子曰 朽木不可雕也 糞土之墙 不可杇也 於予與何誅

재여(이)주침(이어늘) 자왈 후목(은)불가조야(이며) 분토지장(은) 불가오야(이니) 어여여(에)하주(이리오)

공야장(公冶長)

'소를 물가로 끌고 갈 수는 있지만 억지로 물을 먹게 할 수는 없다'는 말이 있다. 이 말은 한창 공부해야 할 청소년기에 열심히 공부하지 않고 학업을 등한시하는 학생들에게 자주 쓰인다.

공자 또한 속을 썩이는 제자 때문에 속을 태우곤 하셨다. 공자는 제자의 특성에 맞게 맞춤식 교육을 하셨는데, 재여는 공자의 맞춤식 교육조차 먹혀들지 않은 것 같다.

재여는 본래 머리가 총명하고 말 재간이 좋은 사람이었다. 그러나 머리가 좋은 만큼 열심히 학문을 연마하지 않아 공자의 안타까움을 샀다. 더구나 재여는 남들이 공부하는 시간에 낮잠을 자는 바람에 공자의 마음을 상하게 만들었다.

그때 하신 말씀이 재여(宰予)이 주침(晝寢)이어늘 자왈(子曰) 후목(朽木)은 불기조야(不可雕也)이며 분토지장(糞土之墻)은 불가오야(不可杇也)이니 어여여(於予與)에 하주(何誅)이리오다. 뜻을 풀이하면 썩은 나무를 가지고는 조각을 할 수가 없고 거름흙으로 쌓은 담에는 흙손질을 할 수가 없다. 재여 같은 사람을 나무라서 무엇하겠느냐이다.

내가 갖고 있는 결이 썩은 나뭇결인지, 좋은 나뭇결인지 곱씹어 봐야겠다.

북극성처럼

爲政以德 譬如北辰 居其所 而衆星共之
위정이덕(이) 비여북신(이) 거기소(하되) 이중성공지(나라)
위정(爲政)

우리가 지금 누리고 있는 문명은 기초들이 대부분 유럽에서 온 것으로 생각하기 쉽지만 그 연원을 따져보면 이슬람을 기본으로 한 아랍에서 유래된 것이라고 한다. 수학과 건축학, 그리고 특히 항해술이 아랍에서 처음 시작됐기 때문이다. 아랍인들은 북극성을 보고 뱃길을 정하며 대항해 시대를 열었는데 이들의 노력과 희생 덕분에 인도를 거쳐 중국과 일본을 향한 대항해 교류가 열렸다고 한다.

이들이 개발한 대항해술은 북극성을 기점으로 좌표를 설정하는 방법인데 입으로 끈을 물고 나무로 만든 좌표판을 북극성에 맞춰 어느 곳이든 원하는 대로 항해를 했다는 것이다.

위정이덕(爲政以德)이 비여북신(譬如北辰)이 거기소(居其所)이든 이중성(而衆星)이 공지(共之)나라에서 북신(北辰)은 북극성을 말한다. 옛날 사람들은 북극성을 하늘의 중심축으로 생각했다고 한다. 공(共)은 공(拱)으로 북극성을 향해 공손히 절하는 것을 말한다.

결국 공자의 말씀은 정치를 덕으로 하면 북극성이 그의 자리에 머물러 있는 것처럼 많은 별들이 자연스럽게 그에게 향하는 것과 같다는 말씀이다.

북극성을 보고 대항해를 펼친 아랍인들처럼 굳건하게 서 있는 북극성과 같은 정치인들을 보고 열심히 생업에 종시할 수 있기를 빌어본다.

남과 잘 사귀는 사람

晏平仲 善與人交 久而敬之
안평중(은) 선여인교(로다) 구이경지(온여)

공야장(公冶長)

공자는 치국(治國)에 뜻을 품고 정치에 뜻을 두었으나 원하는 바를 이루지 못했다. 공자가 이처럼 치국의 뜻을 펼치지 못한 데는 공자의 등용을 막았던 사람들이 큰 원인이었다. 춘추전국시대 제나라의 명재상으로 꼽히는 안평중 (晏平仲)이라는 외교관 또한 여기에 속하는 사람이었다. 그런데 이 정도면 공자께서 안평중이라는 사람을 몹시 싫어할만도 한데 의외로 그의 인물됨을 아주 높게 평가했다.

안평중(晏平仲)은 선여인교(善與人交)로다 구이경지(久而敬之)온여를 풀이하면 안평중은 남과 잘 사귀었다. 오래되어도 남을 잘 공경했다.

안평중은 키가 5척에 불과하고 외모도 볼품 있는 편이 아니었지만 대범한 뜻과 논리 정연한 지혜를 갖고 있는 사람이었다. 안평중이 초나라 영왕을 방문했을 때의 일이다. '제나라 대부는 저기 성문으로 오지 말고 저기 뚫어 놓은 구멍으로 들어오시오. 키가 5척이니 굳이 커다란 성문으로 들어오실 필요가 없을 것입니다.' 그러나 안평중이 '저것이 어디 개구멍이지 사람이 출입할 곳이냐? 개나라에 왔다면 당연히 개구멍으로 들어가야 하겠지만 사람나라에 왔으니 사람 드나드는 문으로 들어가야 하지 않겠느냐?' 고 말하자 성문이 저절로 열렸다고 한다.

신중할 것인지, 과감할 것인지

季文子 三思而後行 子聞之 曰 再斯可矣
계문자(이) 삼사이후(에)행(하더니) 자(이)문지(하시고) 왈 재(이)사가의(니라)
공야장(公冶長)

　공자께서도 다른 사람과 의견이 엇갈리는 경우가 있으셨다. 계문자(季文子)가 세 번 생각하고 행동했다는 말씀을 듣고 두 번이면 충분하다고 말씀하신 것이 그 대표적인 예이다.

　공자는 원래 신중하고 다른 사람에 대해 별다른 평가를 내리지 않는 분인데 유독 계문자에게는 선을 행할 때는 두 번이면 족하며, 세 번이나 생각한 것은 개인적인 욕심이 돋아나서 도리어 현혹될 수 있다고 말씀하셨다.

　그러나 계문자는 3대에 걸쳐 노나라의 대부로 정치를 좌지우지하였으나 막상 장례를 치르려니 손님을 대접할 만한 음식도, 제사에 쓸 기물이나 금이나 옥 등의 패물이 변변한 게 없었다고 한다.

　계문자(季文子)이 삼사이후(三思而後)에 행(行)하더니 자(子)이 문지(聞之)하시고 왈(曰) 재(再)이 사가의(斯可矣)니라에서 삼(三)은 세 번이라는 뜻보다 지나치게 많다는 의미로 쓰였다. 재가사의(再斯可矣)는 두 번이면 된다는 뜻이다.

　계문자가 말한 신중함이 더 옳은 행동인지, 과감한 행동이 옳은 행동인지 함께 생각해 보자.

지난 잘못에 얽매이지 않고

伯夷叔齊 不念舊惡 怨是用希
백이숙제(는) 불념구악(이라) 원시용희(니라)
공야장(公冶長)

백이숙제(伯夷叔齊)는 불념구악(不念舊惡)이라 원시용희(怨是用希)니라는 공자께서 하신 말씀으로 '백이와 숙제는 지난날의 잘못을 생각하지 않았다. 그래서 그들은 남을 원망하는 일이 별로 없었다' 라는 뜻이다. 불념(不念)은 생각하지 않는다는 뜻이며 원(怨)은 원망, 희(希)는 드물다는 의미이다.

고구려의 발상지인 고죽국(孤竹國)의 왕자였던 백이(伯夷)와 숙제(叔齊)는 서로 왕위를 양보하며 수양산(首陽山)에서 고사리를 뜯어먹다가 굶어 죽은 것으로 유명하다. 이들은 주나라의 문왕(文王)에게 몸을 의탁했다. 그러나 문왕이 죽고 무왕(武王)이 집권하면서 당시 종주국으로 예우를 받던 은(殷)나라의 주왕(紂王)을 토벌하려 하자 이를 극력으로 반대하기 시작했다.

백이와 숙제가 반대한 이유는 아버지가 돌아가신 지 얼마되지 않았는데 전쟁을 일으키는 것은 효라고 할 수가 없으며, 신하가 된 자가 임금을 정벌하려고 하는 것은 인(仁)이 아니기 때문이라는 것이다.

하지만 이들의 간곡한 만류에도 불구하고 무왕이 끝내 은나라를 정벌하자 수양산에 숨어 들어가 고사리를 뜯어먹으며 지내다가 끝내 굶어 죽고 말았다. 공자께서는 백이와 숙제에게 인을 구해 인을 얻었는데 더 이상 무슨 원한이 있겠는가 라고 이들을 두둔하셨다.

정직함이란 가면을 쓰고

孰謂微生高直 或 乞醯焉 乞諸其隣而與之
숙위미생 고직(고) 혹(이) 걸혜언(이어늘) 걸제기린이여지(로다)

사람이 살다보면 갑자기 돈이나 물건을 빌리거나 빌려줄 때가 있다. 그런데 내 수중에 돈이나 물건이 떨어졌을 경우 아는 사람에게 빌려서 줄 수도 있을 것이다. 그러나 공자께서 이를 정직하지 못한 일이라며 나무라셨다.

숙위미생고직(孰謂微生高直)고 혹(或)이 걸혜언(乞醯焉)이어늘 걸제기린이여지(乞諸其隣而與之)로다가 바로 그 구절이다. 미생(微生)은 사람 이름으로 몹시 정직하다는 평을 얻던 사람이다. 혜(醯)는 식초를 말하며, 직(直)은 강직하다는 뜻이다.

미생고는 별다르게 알려지지 않은 인물이다. 다만 장자(壯者)의 도척(盜跖) 편에 미생이 다리 밑에서 여자를 만나기로 약속했으나 여자가 오지 않고 물이 불어나는 데도 자리를 뜨지 않고 결국 기둥을 붙잡고 죽었다는 기록뿐이다.

논어에 등장하는 미생고(微生高)와 장자에 등장하는 미생(尾生)이 같은 사람인지는 알 수 없지만 어느 정도 공통점이 있는 것으로 생각된다. 누군가 미생고에게 식초를 빌리러 갔는데 가지고 있던 식초가 떨어지고 없어 미생고는 다른 사람에게 급히 빌려서 준 것 같다. 그러자 공자께서는 없으면 없다고 하는 것이 정직한 일이다. 없으면서 자신의 것처럼 이웃집에서 빌려다주는 것은 정직한 일이 아니라고 나무라셨다.

아주 작은 일을 가지고 덕성을 평가한다는 공자의 생각이 반영된 것이다.

그것은 너무 많습니다

原思爲之宰 與之粟九百 辭

원사(이) 위지재(러니) 여지속구백(이어시늘) 사(한대)

옹야(雍也)

청빈하게 지내는 것은 쉬운 일이 아니다. 좋은 집과 좋은 자동차 등에 마음을 빼앗기다 보면 생활의 씀씀이는 커지고 이런 생활을 유지하기 위해 많은 재물을 필요로 하기 마련이다.

원사(原思)라는 사람의 본명은 헌(憲)이며 공자의 제자이자 가신으로 알려져 있다. 원사는 공자께서 노나라의 사법장관으로 있을 때 작은 지방 마을인 영읍(領邑)의 읍장(邑長)으로 재직하였다. 이때 공자께서는 원사에게 다른 지역의 읍장들이 받는 녹봉에 비해 훨씬 많은 곡식 9백석을 내려주었다고 한다. 이때 원사가 한 대답이 9백석은 너무 많아서 받을 수 없다고 한 사양의 말이었다.

원사(原思)이 위지재(爲之宰)러니 여지속구백(與之粟九百)이어시늘 사(辭)한대가 바로 이 뜻이다. 그러자 공자께서 이렇게 말을 이으셨다. 자왈(子曰) 무(毋)하야 이여이린리향당호(以與爾隣里鄕黨乎)인저, '공자께서 말씀하셨다. 사양하지 마라, 이웃 마을 사람들이나 마을 사람들에게 나누어주면 되지 않느냐?'

공자께서는 원사가 그의 녹봉을 다른 사람들에게 나누어줄 것을 아시고 훨씬 많은 곡식을 내려주신 것이다. 그 스승에 그 제자라고 말할 수밖에 없다.

다시 나를 부른다면

季氏使閔子騫 爲費宰
계씨(이)사민자건 위비재(한대)
옹야(雍也)

최근 인기를 끌고 있는 역사 드라마에 주군(主君)이라는 말이 자주 나온다. 사전에서 주군이라는 말을 찾아보면 임금 혹은 군주, 국가에서 나라를 다스리는 우두머리라는 뜻을 가지고 있다. 그러나 텔레비전 드라마에는 엄연히 임금이 있으며, 주군이라는 떠받들림을 받는 사람은 왕에 버금가는 권력을 휘두르는 사람이다. 주군이라는 말이 사전적 의미 외에도 '작은 임금'이라는 뜻으로 쓰였던 것을 보면 현재의 임금을 무시하고 사사로운 권력을 휘둘렀을 것이라는 짐작이다.

공자의 제자였던 민자건(閔子騫)은 학문과 덕행에서 단연 주목을 끄는 사람이었고 당시 노나라의 세도가였던 계씨(季氏)로부터 비읍(費邑)의 재(宰)로 삼고 싶다는 제안을 받았다. 그러나 민자건은 계씨의 이 같은 제안을 단숨에 거절해 버렸다. 심지어는 만약 다시 나를 부른다면 나는 문수강에 가 있을 것이라며 제나라로 망명할 뜻까지 보였다.

계씨(季氏)이 사민자건(使閔子騫) 위비재(爲費宰)한대 민자건왈(閔子騫曰) 선위아사언(善爲我辭焉)하라 여유부아자(如有復我者)면 즉오필재문상의(則吾必在汶上矣)이리라. 재(宰)는 벼슬아치나 재상을 말하며 위아(爲我)는 나를 위해라는 뜻이다.

불의와 무례를 일삼는 계씨를 주군으로 삼아 자신도 똑같은 짓을 하고 싶지 않다는 결연한 뜻이다. 그는 그만큼 의롭고 어진 사람이었다.

공자가 만난 여자

子見南子 子路 不說 夫子 矢之曰 予所否者 天厭之 天厭之

자(이) 견남자(하신대) 자로(이) 불열(이어늘) 부자(이) 시지왈 여소부자(이면) 천염지 천염지(시리라)

옹야(雍也)

공자께서도 생각지 않은 스캔들에 휘말려 곤욕을 치르신 적이 있었다. 물론 공자께서 원하던 바가 아니었으나 생각보다 심한 구설수에 시달린 것이 사실이었던 듯싶다. 스캔들의 또다른 주인공(?)이었던 여성은 위령공(衛靈公)의 부인인 남자(南子)였다. 당시 공자께서는 노(魯)나라를 떠나 위(衛)나라에 망명해 있는 상태였다. 그때 남자(南子)가 공자에게 한번 만날 것을 통고해 왔다. 문제는 남자(南子)라는 여인이 절세의 미인인데다 행실이 그다지 좋지 않아 이미 온갖 스캔들을 몰고 다니던 여자라는 것이다. 더구나 남자는 위령공을 손아귀에 넣고 정치적인 권력까지 휘두르고 있는 상태였다.

자(子)이 견남자(見南子)하신대 자로(子路)이 불열(不說)이어늘 부자(夫子)이 시지왈(矢之曰) 여소부자(予所否者)이면 천엄지(天厭之) 천엄지(天厭之)시리라에서 자로(子路) 불열(不說)은 성격이 불같고 과격한 자로라는 뜻이다. 부자(夫子)는 선생님 즉 공자를 가르킨다.

제자인 자로가 어째서 그 말 많은 여자를 만나서 공연한 소문을 만들어냈느냐고 불같이 화를 낸 것을 보면 이 스캔들은 꽤 많은 사람들의 입에 오르내린 모양이다. 그러나 공자 입장에서는 억울한 면이 있었던 것 같다. 당시 관례로 권력자의 아내를 만나는 것이 일종의 예(禮)였기 때문이다. 그래서 자로에게 내가 잘못을 했다면 천벌을 받을 것이라고까지 말을 한 것이다.

사람에게 두 마음을 갖지 않는다

二三者 以我爲隱乎 吾無隱乎爾 吾無行而不與二三者 是丘也
이삼자(는) 이아위은호(아) 오무은호이(로라) 오무행이불여이삼자(니) 시구야(니라)

술이(述而)

실패한 인생 때문에 부랑자가 되다시피 한 남자가 섬에 산다는 도인을 만나러 갔다. 그러나 소문과 달리 섬에는 평범한 시골 노인네 한 명이 살고 있었을 뿐이었다. 강풍과 파도가 심해지면서 그 남자는 섬에 갇혀 내내 술만 마셔댔다. 몸에서는 고린내가 나고 수염은 덥수룩했으며, 갈아 신을 양말조차도 없었다. 그러나 그 시골 노인네는 잠시도 쉬지 않고 빨래를 하고, 고구마 새순을 길러내고, 음식을 하고, 바다를 내다보며 파도가 멎기를 기다렸다.

열흘 뒤 파도가 걷히자 그 노인네는 이렇게 말했다. '이제 파도가 멈췄으니 육지로 돌아가라, 나는 너에게 더 이상 보여줄 것이 없다' 그러나 행색이 더 초라해진 사내는 노인의 말을 믿지 못하고 섬 안 어딘가에 진정한 도사가 있을 것이라며 고개를 외로 꼬았다.

공자가 말씀하셨다. 내가 너희들(제자)에게 도대체 무엇을 숨기고 있다고 생각하느냐? 나는 아무것도 숨기는 것이 없으며 너희들과 같이 하지 않은 일이 하나도 없다. 나는 바로 그런 사람이다.

공자의 도가 깊어서 바로 옆에서 함께 생활하던 제자들조차 무엇인가 숨기고 더 가르쳐주지 않는 것이 있다고 의심했다. 섬에서 쉬지 않고 움직이던 노인처럼 공자께서는 제자들에게 쉼 없이 지혜를 가르쳐 주셨다.

189

하늘이 나를 버리셨다

顔淵死 子曰 噫 天喪予 天喪予
안연사(커늘) 자왈 희(라) 천상여(이시다) 천상여(이시다)
선진(先進)

공자께서 아끼시던 제자 안연(顔淵)은 공자보다 30세 연하였으나, 안타깝게도 41살에 세상을 떠나고 말았다. 안연은 늘 초라한 식사를 하고 뒷골목의 허름한 집에서 살았다.

처음에는 공자께서도 안연이 뛰어난 재능을 가진 제자라고 생각하지 않으셨다. 오히려 하루 종일 안연과 이야기를 나누어도 한마디도 자신의 말을 거스르지 않고, 무조건 고개를 조아리는 것을 보며 어리석은 사람으로 생각하셨다고 한다. 그러나 안연은 공자의 가르침을 받고 난 후 오직 그 가르침을 실천하기 위해 노력했다.

공자께서는 안연이 벼슬도 거부하고 도(道)를 전할 인재라고 믿으셨으나 그의 죽음으로 기대했던 바람이 한순간에 허물어져 버렸다. 그래서 공자는 자신의 다른 제자들이 흉을 볼 정도로 대성통곡을 하며 우셨다고 한다.

안연사(顔淵死)커늘 자왈(子曰) 희(噫)라 천상여(天喪予)(이시다) 천상여(天喪予)이시다에서 희(噫)는 '아아'라는 감탄사다. 천상여(天喪予)는 하늘이 나를 버리다라는 의미를 가지고 있다. 안연의 죽음이 주는 슬픔이 얼마나 컸으면 공자께서는 아아, 하늘이 나를 버리시는구나, 하늘이 나를 버리시는구나 하며 대성통곡을 하셨을까?

스승에게 이토록 귀한 아낌을 받는 자가 부러운 마음까지 든다.

성인의 길, 공자를 사랑한 사람들

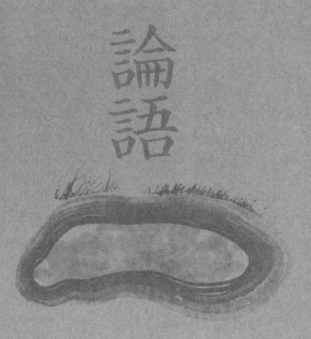

제8장 [채움의 길]

삶의 터를 키워 나가다

나라를 다스리기 위해서는

道千乘之國
도천승지국(호대)
학이(學易)

　도천승지국(道千乘之國)이란 말 그대로 수레 천 대를 동원할 수 있는 제후국(나라)을 다스릴 때 지켜야 할 도리를 말하는 것이다. 승(乘)이란 사두마(四頭馬)가 이끄는 전차로 한 대의 전차에는 무장 갑사 3명, 보졸 72명, 기타 잡역까지 합해 약 1백여 명이 한 조를 이뤘다고 한다. 또 이들을 지원하는 치중차(輜重車)가 따랐으며 참고로 만승(萬乘)을 다스리는 나라가 곧 천자의 나라였다.

　이렇게 큰 나라를 다스리기 위해서는 리더의 개인적인 능력을 넘어서서 한 집단이 공감할 수 있는 일정한 룰을 가지고 있어야 한다. 요즘 대기업에서 말하는 시스템 운영이나 국가 경영의 주요 키워드로 이야기되는 공정성 등이 이 부분에 속한다.

　공자께서는 천승의 나라를 다스리기 위해서는 경사이신(敬事而信), 일을 성실하게 하며 말과 행동을 하나되게 해야 한다. 절용이애인(節用而愛人), 나라의 세금을 소중히 사용하고 국민들을 사랑해야 한다. 사민이시(使民以時), 곧 백성들을 부릴 때는 때를 맞춰 적절하게 해야 한다고 말씀하셨다.

　결국 지배층의 이기적인 욕심을 자제하는 것이 관건이며, 이것이 지배층이 장기적으로 집권할 수 있는 좋은 방법이라는 뜻이 될 것이다.

아름다움을 존중하는 것처럼 현명함을 좋아해야

賢賢易色
현현(하되) 역색(하니라)
학이(學易)

5세 정도의 유치원 어린이들을 상대로 A그룹은 예쁜 외모의 A선생님이, 그리고 B그룹은 평범한 외모를 가진 B선생님이 학습지도를 하였다. 대부분의 어린이들은 A선생님에게 호감을 보였으며 학습 결과도 A그룹이 더 높았다고 한다. 아직 세상 물정을 모르는 어린이들도 이 정도인데 어른들이 아름다운 상대에게 호감을 느끼는 것은 당연한 일이다.

이 구절은 공자의 제자인 자하(子夏)가 한 말이다. 자하는 뛰어난 문장으로 유명한 사람인데 역시 미려하고 적절한 문장으로 사람이 지켜야 할 도리를 잘 설명하고 있다.

자하왈(子夏曰) 현현(賢賢)하되 역색(易色)하며 사부모(事父母)하되 능갈기력(能竭其力)하며 사군(事君)하되 능치기신(能致其身)하며 여붕우교(與朋友交)하되 언이유신(言而有信)이면 수왈미학(雖曰未學)하고 오필위지학의(吾必謂之學矣)리요.

그 뜻을 살피면 현명한 사람을 좋아하는 것을 미색을 좋아하는 마음과 바꿔서 하며, 부모를 섬기되 스스로 할 수 있는 힘을 다하며, 임금을 섬길 때 그 몸을 바치며, 벗과 사귀는 일에 성실함이 있다면 비록 공부하지 않았어도 그는 반드시 배웠다고 할 것이다.

머리에 지식을 쌓는 것보다 먼저 사람이 돼야 한다는 뜻이다.

죄를 면하고도 부끄러운 줄 모른다

道之以政 齊之以刑 民免而無恥
도지이정(하고) 제지이형(이면) 민면이무치(니라)
위정(爲政)

우리 선조들의 체벌 방법을 살펴보면 독특한 점이 있다. 일단 잘못한 아이를 불러낸 뒤 설교를 하고 목침 위에 올라서도록 한다. 목침 위에 올라가기 전에 아이는 대님을 풀어야 한다. 매를 맞는 것을 좋아하지 않으니 체벌받는 아이의 행동이 늦어질 수밖에 없다. 대님을 다 푼 뒤에 목침 위에서 어른의 매를 기다린다. 회초리를 쥔 선생님이나 부모님은 다시 일장 설교를 늘어놓는다.

선생님이 화가 나서 체벌을 한다고 해도 이 정도면 때리는 사람이나 맞는 사람이나 왜 때리고 맞았는지, 충분히 생각할 시간과 여유를 갖게 될 것이다. 그러나 아이가 생각할 틈도 없이 매를 맞는다면 아이는 매 맞는 순간만 피하려고 할 것이고, 자신이 어떤 잘못을 했는지 알지 못한 채 부끄러워할 순간마저 놓치고 마는 것이다. 백성들 또한 마찬가지이다.

그래서 공자께서는 이렇게 말씀하셨다.

도지이정(道之以政)하고 제지이형(齊之以刑)이면 민면이무치(民免而無恥)니라. 법으로 정치를 하고, 형벌로 억누르기만 하면 백성들은 죄를 면하고도 부끄러운 줄을 모를 것이다. 그러나 도지이덕(道之以德)하고 제지이례(齊之以禮)면 유치차격(有恥且格)이니라.

덕으로 인도하고 예를 통해 가지런히 하면 백성들은 부끄러움을 알고 저절로 바르게 된다.

아첨과 정의

非其鬼而祭之 諂也 見義不爲 無勇也
비기귀이제지(이) 첨야(이오) 견의불위(이) 무용야(이라)
위정(爲政)

'밤새도록 제삿상에 절을 하더니 기껏 누가 죽었냐고 물어보더라' 는 말이 있다. 내가 제사를 지내야 할 대상도 아니면서 죽은 이에게 복을 받고 싶은 욕심에 밤새도록 절을 한 것이다.

공자가 사셨던 춘추전국시대에는 엄격한 신분제도에 따라 제사를 올리는 대상마저 달랐다고 한다. 천자는 천지의 귀신에게, 제후는 산천에게, 대부는 사령(司令)이라 이름 붙인 궁중의 신에게, 평민들은 자신의 선조들에게 제사를 지낼 수 있었다고 한다. 자기 조상도 아닌 대상에게 제사를 지내는 것은 복을 구하고 싶은 마음 때문이며 이것은 빌어야 할 대상이 아닌데 비는 것이므로 환심을 얻기 위한 아첨일 뿐이라고 생각한 것이었다.

비기귀이제지(非其鬼而祭之)이 첨야(諂也)이오, 견의불위(見義不爲)이 무용야(無勇也)이라에서 첨(諂)은 아첨하는 것을 말한다. 견의불위(見義不爲)는 해야 할 일을 하지 않는 것을 뜻하며, 무용(無勇)이란 용기가 없는 것을 뜻한다.

결국 아첨을 일삼게 되는 것은 자신의 작은 이(利)를 위해 행동하기 때문이며, 이 같은 행동은 정의를 보고도 행하지 않는 용기없는 마음을 만들어 버리는 것이다. 내가 하는 행동이 이를 좇는 아첨인지, 의(義)를 좇는 정의로운 행동인지 한 번 생각해봐야겠다.

원래 착한 바탕이 있어야

繪事後素
회사(이)후소(이니라)
팔일(八佾)

서양화에서 여백(餘白)은 덜 그려진 부분으로 생각되지만 동양화에서 여백은 여유와 멋을 상징하고 있다. 동양화는 선의 아름다움과 함께 여백의 미를 강조하고 있으며 흰 바탕의 아름다움이 표현되도록 하는 것이 중요하다.

공자의 제자인 자하(子夏)가 스승에게 이렇게 물어보았다. '입 맵시에 아름다운 미소, 흑과 백이 또렷하게 아름다운 눈이라는 시에 대해 스승님께서는 여백이 곧 꾸밈이라고 말씀하셨는데, 이것이 무슨 뜻입니까?' 그러자 공자께서 이렇게 대답하셨다.

'회사(繪事)이 후소(後素)니라. 즉 먼저 흰 바탕을 마련한 뒤에야 그 다음에 채색을 하는 것이다' 이 말은 곧 어느 정도 본성이 착한 사람이라야 비로소 예의범절을 바르게 지킬 수 있다는 말이다.

그러자 이 말을 들은 자하가 다시 예후호(禮後乎)인저 '예로써 뒷마무리를 한다는 뜻이군요' 라고 대답했다. 이 말은 공자께서 평소 말씀하신대로 안에 숨어 있던 인(仁)이 의(義)와 예(禮)라는 결과로 밖에 나온다는 사실을 보여주는 질문과 대답일 것이다.

결국 학문을 닦고 인을 실천하며 예를 행하기 위해서는 흰 바탕처럼 어느 정도의 착한 본성이 있어야 한다는 것이다.

의로운 말에도 준비가 필요하다

事君數 斯辱矣 朋友數 斯疏矣
사군삭(이면) 사욕의(오) 붕우삭(이면) 사소의(니라)
이인(里仁)

한나라를 세운 유방은 항우와 백 번을 싸워 백 번을 지다가 마지막 해하전투(垓下戰鬪)에서 승리하면서 천하의 주인이 될 수 있었다. 그러나 개인적인 능력이나 자질 등에서는 항우가 유방보다 훨씬 뛰어났다. 뛰어난 무술 실력과 부하를 챙기는 다정다감한 성격, 그리고 학식 등에서 항우가 월등했기 때문이다. 유방은 고향 패현(沛縣)에서 건달 노릇을 하다가 어찌어찌 사람들을 모아 세상에 나선 사람이었다.

그러나 항우는 부하들에게 개인적으로는 다정다감했지만 큰일을 도모할 때는 부하들의 이야기를 듣지 않는 사람이었다. 항우의 일급 책사였던 범증(范增)마저 유방의 반간계에 빠져 그의 곁을 떠나고 말았다. 이에 반해 유방은 장량을 비롯한 부하들의 말에 귀 기울여 결국 천하를 손에 넣었다. 다른 한편으로 생각하면 당시 범증은 자신의 주군 한 사람을 설득시키지 못한 탓에 결국 실패를 불러들인 것이라는 생각도 든다.

사군삭(事君數)이면 사욕의(斯辱矣)오 붕우삭(朋友數)이면 사소의(斯疏矣)니라. 임금을 섬기면서 자주 간언을 하다가는 욕을 볼 수가 있고, 친구에게도 너무 충고가 잦으면 거리가 멀어질 수 있다.

간언과 충고에도 일정한 기술과 준비가 필요하다는 말이다.

즐기고 또 즐겨라

知之者 不如好之者 好之者 不如樂知者
지지자(는) 불여호지자(이오) 호지자(는) 불여락지자(이니라)
옹야(擁也)

쉽게 말해 피할 수 없다면 즐기라는 말이다. 어차피 가야 할 군대, 어차피 출근해야 할 회사, 어차피 해야 할 결혼까지, 이왕이면 부딪혀서 즐기라는 것이다. 많은 사람들이 자신 앞에 닥친 일을 즐기지 못한 채 엉뚱한 곳에 빠져 시간과 에너지를 낭비하는 경우가 많다. 그중 대표적인 경우가 인터넷 게임이다. 현실의 벽이 높다는 무력감에 빠져 가상의 게임이나 도박을 하면서 현실의 어려움을 잊고자 한다.

그러나 현실을 즐기기 위해서는 몇 가지 과정과 준비가 필요하다.

공자께서는 도를 아는 것은 좋아하는 것만 못하고, 좋아하는 것은 즐기는 것만 못하다고 말씀하셨다. 지지자(知之者)는 불여호지자(不如好之者)이오, 호지자(好之者)는 불여락지자(不如樂知者)이니라에서 지(知)는 안다는 것이다. 안다는 것은 사물의 형태와 모양을 파악하게 된 상태이다. 호(好)는 아는 단계를 넘어 좋아하는 단계지만 완전히 내 것을 만드는 상태는 아니다. 그러나 락(樂)은 생활 속에서 완전히 내 것을 만든 상태이다.

결국 즐기기 위해서는 알아야 한다. 그리고 모르는 것을 알기 위해서는 최소한의 노력이 필요하다. 즉 그것을 알고 내 것으로 만들도록 노력하라는 의미를 담고 있다.

함께 큰일을 하고 싶은 사람

子路曰 子行三軍 則誰與
자로왈 자행삼군(이면) 즉수여(시리이꼬)
술이(述而)

가토 기요마사는 임진왜란 당시 제1군 총사령관이었다. 그는 지금도 일본에서 전쟁의 신으로 불릴 정도인데 당시 가토 기요마사와 사이가 좋지 않았던 고니시 유키나가가 은밀하게 조선정부에 가토 기요마사의 이동 경로를 알려주었고 선조 임금은 이순신에게 명령해 가토 기요마사의 목을 베어올 것을 명령했다.

그러나 이순신 장군은 조선군의 전력으로는 그렇게 무모한 작전을 수행할 수 없다며 상부의 명령을 거부했다. 결국 이순신 장군은 임금의 명령을 어긴 죄로 삼군수군통제사에서 파직되고 백의종군의 길을 걷게 된다.

자로(子路)는 젊은 시절 무예를 익힌 제자였다. 그래서 자신의 무용을 자랑하곤 했다. 그는 공자에게 이렇게 물었다.

삼군(三軍)이면 즉수여(則誰與)시리이꼬, 만약 삼군을 부리시게 되면 누구와 함께 하시겠습니까? 아마도 자로는 공자학단에서 자신의 무예와 용맹이 가장 뛰어나니 당연히 자신이 적임자라는 뜻으로 물은 것 같다.

그러나 공자께서는 자로의 기대와는 달리 일 처리에 신중하고, 반드시 성사시키는 사람과 함께 하겠다고 대답하셨다.

다른 누군가로부터 함께 일을 하고 싶은 마음으로 인정받고 있는지 되돌아보자.

201

반드시 성공시킬 수 있는 사람

子曰 暴虎馮河, 死而無悔者, 吾不與也 必也臨事而懼, 好謀而成者也
자왈 포호빙하(하여) 사이무회자(를) 오불여야(이니) 필야임사이구(하며) 호모이성자야(이니라)
술이(述而)

잔뜩 기대에 찬 얼굴로 자신을 바라보는 자로(子路)에게 공자께서 말씀하신 대답은 이랬다.

포호빙하(暴虎馮河)하여 사이무회자(死而無悔者)를 오불여야(吾不與也)이니 필야임사이구(必也臨事而懼)하며 호모이성자야(好謀而成者也)이니라. 맨주먹으로 호랑이를 때려 잡으려 하고, 맨발로 강물을 건너가려다 죽어도 뉘우치지 않는 그런 무모한 사람과는 함께 일하지 않겠다. 새로 일처리를 할 때 두려워할 줄 알며, 또 일을 잘 처리해서 반드시 성사시키려는 그런 사람과 함께 하겠다.

요즘 각 지방자치단체에서 새로운 사업을 벌이다가 낭패를 보는 경우가 많다. 경전철을 건설하고, 새로운 산업단지 등을 유치하는 선심성 사업을 진행하다가 끝내 자금난으로 어려움에 처하는 것이다.

결국 실패한 지방자치 사업은 고스란히 주민들의 세금으로 복구해야만 한다. 물론 사업을 진행했던 공무원 역시 억울한 점이 많을 것이다. 주민들의 열망도 크고 다른 자치단체와 차별성도 필요했기 때문이다. 그러나 맨주먹으로 호랑이를 때려잡고, 맨발로 강을 건너려는 자로와 같은 사람보다는 두려워하고, 두려워하며 신중하게 일을 처리하는 이순신 같은 사람이 우리에게 더 절실하다는 생각이다.

공자께서 말씀하지 않으신 일

子不語怪力亂神
자불어괴력란신(이러시다)
술이(述而)

공자께서는 바른생활 사나이었다. 일상생활의 흐름을 깨트리는 무모한 행동을 삼가셨으며 작은 일에서 특별한 도리(道理)를 발견하고 이를 실천하는데 힘쓰셨다. 그래서 공자께서는 평생 괴력란신(怪力亂神)을 입에 올리지 않으셨고 삿된 일들을 행하지 않으셨다.

자 불어 괴력란신(子 不語 怪力亂神)이러시다는 말 그대로 공자께서는 괴이한 일과 무력과 난동, 그리고 귀신에 관한 일을 말씀하지 않으셨다는 뜻이다. 대개 괴(怪)·력(力)·난(亂)·신(神)으로 구분해서 해석하는 경우가 많다.

괴(怪)는 상식적이지 않으며 비현실적이고 비합리적인 괴상한 일을 말한다. 예를 들어 갑자기 UFO가 나타난다거나 깊은 바다에서 괴물이 등장한다는 식이다. 또한 신하가 임금을 해치거나 자식이 부모를 죽이는 일 등도 여기에 속한다. 력(力)은 무력이나 폭력을 말한다. 여기에는 강대국이 약소국을 갑자기 침략하는 비평화적인 전쟁이 포함되며 사소한 말이나 정신적인 폭력 등도 함께 이야기된다. 난(亂)은 사회를 어지럽히는 무질서와 난동을 이야기하며, 신(神)은 무속이나 미신, 주술적인 신권통치 등을 포함한다.

우리는 공자에게 늘 특별한 일과 이야기를 기대하지만 성인(聖人)은 일상적으로 통하는 말을 할뿐이지 괴이한 말을 하지 않는다는 평범한 진리를 명심해야 할 것이다.

나를 해칠 사람은 없다

天生德於予 桓魋其如予何
천생덕어여(이시니) 환퇴기여여하(이리오)
술이(述而)

공자께서 유랑길을 떠도셨던 60세 즈음, 송(宋)나라의 하남성 상구현에서 봉변을 입은 일이 있었다. 길을 가시던 공자께서는 잠시 나무 밑에서 예(禮)에 관한 강의를 하셨다. 그런데 예전에 공자에게 창피를 당한 일이 있었던 송나라 무관 환퇴(桓魋)가 공자를 죽이려고 그 큰 나무를 잘라서 쓰러뜨려버린 것이 아닌가! 다행히 화를 입지는 않았지만 위험을 느낀 제자들은 당장 이곳을 떠나자고 말하였다. 하지만 공자께서는 아무 일 없었다는 듯 태연하게 말씀하셨다.

천생덕어여(天生德於予)이시니 환퇴기여여하(桓魋其如予何)이리오, '하늘이 덕을 살리라는 명을 내게 주셨는데 어찌 환퇴 정도가 나를 해칠 수 있겠느냐?'

환퇴에 대해서는 자세한 이야기가 전해지지는 않고 있다. 다만 송나라에서 사마(司馬)라는 벼슬을 맡고 있었는데 지금으로 말하면 국방부장관 정도에 해당하는 것으로 보인다. 추측하건대 아마도 공자께서 송나라에서 벼슬을 하시게 되면 환퇴가 벼슬에서 물러나야 하는 속사정이 있었던 것으로 짐작될 뿐이다.

공자께서는 이 위급한 상황에서도 자신은 하늘로부터 덕을 살리라는 명을 받았다며 하늘에 대한 믿음을 버리지 않았다.

내 잘못을 지적받아도

巫馬期 以告 子曰 丘也 幸 苟有過 人必知之
무마기(이) 이고(한대) 자왈 구야(이) 행(이로다) 구유과(이어든) 인필지지(온여)

술이(述而)

요즘 우리 사회에서 가장 찾아보기 힘든 단어는 '부끄러움'이다. 전쟁을 겪고, 독재정권과 고속성장을 거치면서 어떻게 하든 살아남는 게 중요하다는 생각을 해서 그런지 웬만한 일에는 도무지 부끄러움 같은 것을 느끼지 않는다.

얼마 전 개봉한 영화에서도 깡패짓을 해도 좋고, 범죄를 저질러도 괜찮으니 오직 내 가족만 잘 먹이고 잘 입히고 제대로 공부시키면 괜찮다는 장면이 나왔다. 이런 사회에서는 자신의 잘못을 지적하고 반성하라는 이야기는 한마디로 씨알도 먹히지 않을 것이다. 그러나 공자께서는 자신의 잘못을 지적받자 다른 사람들이 내 잘못을 알아차리고 지적해준다며 자신은 행복한 사람이라고 말했다.

무마기(巫馬期)이 이고(以告)한대 자왈(子曰) 구야(丘也)이 행(幸)이로다. 구유과(苟有過)이어든 인필지지(人必知之)온여. 무마기(巫馬期)는 사람 이름으로 공자의 제자 중 한 사람이다. 무마기가 진나라의 법무장관인 진사패(陳司敗)에게 노나라 임금 소공(昭公)이 같은 성씨의 아내를 맞이하고도 이를 감추기 위해 오맹자(吳孟子)로 불렀는데 어째서 공자께서 그가 예가 있다고 말씀하셨는지 궁금하다는 말을 전한 것이다.

공자는 그 말을 들으시고 잠시의 망설임도 없이 제자들 앞에서 자신의 잘못을 인정했다. 쉽게 보이지만 쉽지 않은 언행일치(言行一致)이다.

장점이 많은 사람

子溫而厲 威而不猛 恭而安
자(는)온이려(하시며) 위이불맹(하시며) 공이안(이러시다)
술이(逑而)

사람들에게 부자가 되는 가장 좋은 방법을 물어보면 대개 부자 아빠를 만나는 것이라고 대답한다. 그 다음은 부자 아내나 남편과 결혼하는 것이고, 마지막으로 마음이 맞는 좋은 사람과 결혼해서 함께 열심히 노력하는 것이라고 대답한다.

그러나 부자 아빠를 만나는 것은 그야말로 하늘의 별따기다. 또 부자 아내나 남편을 만나는 것은 좋은 방법이지만 부자 남편이나 아내와 살기 위해서는 감수해야 할 것들이 많다고 한다. 마지막으로 사람들이 가장 확률이 낮다고 생각하지만 사실은 부자가 되는 가장 좋은 방법이 바로 좋은 아내나 남편을 만나는 것이다. 하지만 어디 아내나 남편뿐이겠는가? 친구와 선생님 등 좋은 사람을 만나는 것 역시 성공한 부자 인생을 만드는 방법이다.

그런 면에서 본다면 공자를 스승으로 만난 제자들은 두고두고 행복한 사람들이다. 스승 덕분에 부자가 된 것은 아니지만 인간적으로나 학문적으로 깊은 신뢰를 느낄 수 있는 아름다운 스승을 모실 수 있었기 때문이다.

자온이려(子溫而厲)하시며 위이불맹(威而不猛)하시며 공이안(恭而安)이러시다. 스승님께서는 온순하시되 엄숙하고, 위엄이 있으시면서 무섭지 않으시고, 공손하시지만 안도감을 주신다.

공자를 잘 아는 제자들이 그의 아름다운 장점을 적절하게 표현한 글이다.

사람이 죽게 될 때는

曾子言曰 鳥之將死 其鳴也哀 人之將死 其言也善
증자언왈 조지장사(에) 기명야애(하고) 인지장사(에) 기언야선(이니라)

태백(泰伯)

이 구절은 공자의 제자인 증자(曾子)가 맹경자에게 한 말이다. 그러나 많은 사람은 유비(劉備)가 세상을 떠나기에 앞서 자신의 책사였던 제갈량에게 한 말로 기억되고 있다.

유비가 새는 죽으려 할 때 그 울음소리가 애처롭고, 사람은 죽으려 할 때 그 말이 착하다는 말을 하면서 제갈량에게 자신의 아들인 유선을 부탁하였다. 제갈량은 유비의 간곡한 부탁을 받고 유비의 아들 유선과 촉나라를 도왔다.

증자는 자신을 문병 온 맹경자에게 간절한 부탁을 한다. 맹경자는 노(魯)나라의 대부로 많은 능력을 인정받는 정치인 중 한 사람이었다. 그러나 맹경자는 제사그릇까지 직접 챙기려고 해서 주위의 눈총을 받고 있었다. 그래서 증자는 자기가 할 수 있는 가장 정성스럽고 착한 목소리로 맹경자에게 조언을 주고자 한 것이다.

증자언왈(曾子言曰) 조지장사(鳥之將死)에 기명야애(其鳴也哀)하고 인지장사(人之將死)에 기언야선(其言也善)이니라라고 운을 뗀 뒤 맹경자에게 다음과 같이 말했다. 군자가 소중히 여겨야 할 도(道)가 세 가지 있습니다. 행동거지는 난폭하거나 오만함을 멀리하며, 낯빛을 바르게 해 신의를 보여주며, 말을 예의있게 해 사리에 어긋남을 멀리해야 합니다. 제기를 맡아보는 일은 따로 맡아서 일하는 사람에게 맡기십시오.

207

뜻을 넓고 굳게 가져라

曾子曰 士不可以不弘毅 任重而道遠 仁以爲己任
증자왈 사불가이불홍의(니) 임중이도원(이니라) 인이위기임(이니)
不亦中乎 死而後己 不亦遠乎
불역중호(아) 사이후이(니) 불역원호(아)

태백(泰伯)

　　임사홍은 조선조 연산군 때 간신이다. 그는 총명한 머리로 세조 12년 춘시 문과 3등에 급제하였으며 중국말에도 능통해 승문원에서 중국말을 가르치기도 하였다. 그러나 그는 똑똑한 머리를 좋은 일에 쓰지는 못했다. 무오사화(戊午士禍) 등을 일으켜 수많은 사림(士林)을 죽음으로 몰아넣었으며, 사대부집 여인들까지 연산군에게 바치는 일도 서슴지 않았다. 뿐인가, 갑자사화(甲子士禍)를 일으켜 김종직의 문하에 있던 자신의 아들 희재까지 죽음에 이르게 만들었다. 그러나 그는 아들이 죽은 날에도 여느 날과 마찬가지로 연회를 베풀어 사람들에게 지탄을 받았다.

　　하지만 세상이 아무리 어지러워도 뜻을 넓게 가지는 사람이 있게 마련이다. 대사헌을 지낸 홍흥(洪興)이 바로 그런 사람이었다. 홍흥은 임사홍이 간사하므로 후에 반드시 나라에 화를 끼칠 것이라고 탄핵했다. 누구도 상상하지 못한 기개였다.

　　증자는 이렇게 말했다. 선비는 반드시 뜻을 넓고 굳세게 가져야 한다. 해야 할 일이 무겁고 갈 길이 멀기 때문이다. 인(仁)을 임무로 삼았으니 얼마나 무겁겠는가? 죽은 다음에야 멈출 것이니 그 길 또한 멀 것이다.

　　홍흥은 그 무섭고 먼 길을 꿋꿋이 걸어간 군자였다.

세상에 뜻을 펼치고 싶다면

天下有道則見 無道則隱
천하유도즉현(하고) 무도즉은(이니라)
태백(泰伯)

공자가 말씀하신 도(道)를 어려운 것으로 생각하는 사람들이 많다. 그러나 학이(學而)에 나오는 말처럼 입즉효(入則孝) 출즉제(出則弟) 근이신(謹而信) 범애중(汎愛衆) 이친인(而親仁)이 바로 도라고 할 수 있다. '집에서는 부모에게 효도하고, 밖에 나가서는 윗사람에게 공손하며, 신중하게 행동하고, 남에게 믿음을 주며, 많은 사람을 널리 친하게 대하되 어진 이를 가까이 하도록 한다' 별다르게 어려울 것이 없다. 다만 실천의 문제일 뿐이다.

이것이 바로 공자께서 말씀하신 독신(篤信), 즉 도(道)를 독실하게 믿는 단계이다. 공자께서는 도가 사라진 위태로운 나라에는 들어가지 말고, 도가 문란한 나라에도 들어가지 말라고 하셨다.

천하유도즉현(天下有道則見)하고 무도즉은(無道則隱)이니라, 즉 천하에 도가 있으면 나타나고, 천하에 도가 없으면 숨을 것을 말씀하셨다. 이것은 공자께서 말씀하신 대로 학문과 벼슬이 하나의 고리로 움직이는 수기치인(修己治人)의 단계를 이르는 것이다.

세상에 도가 있으면 자신이 닦은 벼슬을 바탕으로 경륜을 펼치는 치인(治人)을 행하며, 세상에 도가 사라지면 다시 세상 밖으로 물러나 스스로 수기(修己)에 힘쓰는 것이다.

결국 세상에 나가는 가장 큰 기준은 도인 것이다.

과거는 과거일 뿐

吾少也賤 故多能鄙事
오(이)소야(에)천(이라) 고(로)다능비사(호니)
자한(子罕)

청년세대의 취업난이 좀처럼 풀릴 기미를 보이지 않고 있다. 대학을 졸업하고, 대학원에 외국연수와 유학을 다녀와도 원하는 직장을 찾는 일이 좀처럼 쉽지 않다. 그래서 많은 젊은이들이 편의점이나 식당, 주유소 아르바이트 등을 전전하며 힘겨운 시간을 보내고 있다. 취업에 어려움을 겪는 젊은이들의 불만과 좌절 또한 자연스럽게 커질 수밖에 없다.

그러나 현재 젊은이들이 겪고 있는 어려움은 우리나라뿐 아니라 전 세계적인 공통 현상이며 공자께서도 홀어머니의 손에서 자라면서 여러 가지 천한 일을 겪어야 했다.

오(吾)이 소야(少也)에 천(賤)이라 고(故)로 다능비사(多能鄙事)호니는 나는 어려서 미천했다. 그래서 어려운 일들을 잘할 수 있다고 하신 것이다.

공자님의 말씀처럼 젊어서 힘들고 어려운 일을 겪은 사람은 헤아릴 수 없을 정도로 많다. 세계를 제패한 영웅 칭기즈칸은 너무 배가 고파서 들쥐를 잡아 먹기도 했고, 목에 칼을 쓰고 탈출했으며, 뺨에 화살을 맞고도 목숨을 부지했다. 미국에서 가장 위대한 대통령으로 꼽히는 링컨 역시 주의회, 상원의원, 하원의원, 부통령까지 약 30년 가까운 세월을 낙선의 고배를 마시며 살아야 했다.

젊은 나이에 겪은 수많은 어려움들은 큰 인물이 되는데 커다란 힘이 돼줄 것이다.

쉬지 않고 흐르는 물처럼

子 在川上曰 逝者 如斯夫 不舍晝夜

자(이) 재천상왈 서자(이) 여사부(인저) 불사주야(이로다)

자한(子罕)

시간은 자기 나이와 비례해 두 배로 흘러간다고 한다. 10대는 20킬로미터, 30대는 60킬로미터…… 60대는 120킬로미터의 속도로 지나간다는 것이다. 그래서 나이가 들수록 세월은 화살처럼 빨리 지나가는 것이다.

공자께서는 평소 자신의 감정이나 생각을 잘 드러내지 않는 분이었다. 그러나 공자께서도 가끔은 보통 사람처럼 인생에 대한 감정을 드러내곤 하셨다. 흔히 천상(川上)의 탄(嘆)이라고 불리는 이 구절은 공자께서 흐르는 강물을 보며 탄식한 말씀을 적어 놓은 것이다.

자(子)이 재천상왈(在川上曰) 서자(逝者)이 여사부(如斯夫)인저 불사주야(不舍晝夜)이로다를 풀이하면 가는 것이 이와 같구나, 밤낮없이 쉬지 않고 흘러가는구나 라는 뜻이다. 여기서 서자(逝者)는 가는 것들이란 뜻으로 해석되고 있다. 따라서 세월은 가는데도 도가 일어나지 않아 공자가 근심한다는 해석의 근거가 되고 있다.

사람은 누구나 세월과 상관없이 유유히 흘러가는 강물을 보면 허무함을 느끼게 마련이다. 그래서 한강변의 아파트에서 살던 사람들이 우울증에 걸려 이사하는 경우가 많다고 한다.

하지만 지금 우리는 우울감에 빠지기보다 더 분발해서 살아나가야 할 때가 아닐까?

꽃은 피웠지만 열매를 맺지 못하면

苗而不秀者 有矣夫 秀而不實者 有矣夫
묘이불수자(이) 유의부(며) 수이불실자(이) 유의부(인저)
자한(子罕)

벼에 싹이 나는 것을 묘(苗)라고 한다. 꽃이 피는 것을 수(秀)라고 하며 곡식이 맺는 것을 실(實)이라고 한다. 묘이불수자(苗而不秀者)이 유의부(有矣夫)며 수이불실자(秀而不實者)이 유의부(有矣夫)인저는 겉으로 보기에는 곡물이나 꽃에 관련된 이야기를 하는 것 같지만 실제로는 군자가 가져야 할 학문에 대한 자세와 노력에 대한 구절이다.

벼가 잘 자라기 위해서는 여러 조건이 필요하다. 우선 종자가 좋아야 하고, 가뭄과 흉년이 들지 않는 곳에 심어져야 한다. 또한 자신을 돌봐줄 농부의 정성 어린 손길도 필요하다. 그러나 벼가 자라서 싹을 틔우고, 꽃을 피워 실한 열매를 맺기 위해서는 무엇보다 스스로의 의지와 노력이 가장 필요할 것이다. 말 못하는 식물이라고 그저 주어진 대로 자라는 것 같지만 한 폭의 벼와 꽃들은 꽃과 열매를 만들어내기 위해 치열한 경쟁과 노력을 벌이고 있기 때문이다. 이런 노력이 없다면 꽃을 피우고 열매를 맺는 일은 불가능하다. 그래서 공자께서도 말씀하셨다. 싹만 나고 꽃을 피우는 것도 있고, 꽃은 피웠지만 끝내 열매를 맺지 못하는 것도 있다는 말씀은 끊임없이 노력해서 배우고 익히라는 말씀이다.

학문을 할 수 있는 자질을 타고났지만 끝내 꽃을 피우지 못하거나 열매를 맺지 못하는 사람이 많다. 결국은 노력 여하라는 걸 기억하도록 하자.

뜻은 함부로 뺏을 수 없다

三軍 可奪帥也 匹夫 不可奪志也
삼군(은) 가탈수야(어니와) 필부(는) 불가탈지야(이니라)
자한(子罕)

삼군(三軍)은 가탈수야(可奪帥也)어니와 필부(匹夫)는 불가탈지야(不可奪志也)이니라는 삼군의 총사령관도 빼앗을 수 있으나, 필부의 뜻은 뺏을 수 없다는 말이다.

삼군(三軍)은 제후가 거느릴 수 있는 군세(軍勢)를 말한다. 삼군 중 일군(一軍)의 군사 수는 1만 2천 5백 명이며 삼군을 지휘하는 총사령관은 중군의 대장(大將)이 맡는다. 중군의 대장을 수(帥)라 하며 일, 이, 삼군은 자신들의 대장인 수를 보호하기 위해 온몸을 던지게 마련이다. 그런데 공자께서는 마음만 먹으면 삼군의 총사령관도 빼앗아 올 수 있다고 말씀하셨다. 하지만 반면, 이름 없는 남자인 필부(匹夫)의 마음은 절대 빼앗을 수 없다고 말씀하셨다.

삼군이 아무리 많은 머리수를 자랑하고 용맹을 자랑한다 해도 결국은 한 사람, 한 사람의 군사들이 모인 것이다. 따라서 이들의 마음이 합해지지 않는다면 삼군의 용맹함은 쓸모가 없고 총사령관도 빼앗아올 수 있다는 것이다.

반면 필부의 마음에는 지(志)가 있는데 이 같은 뜻은 오직 내 마음에 있기 때문에 절대 남이 빼앗아 갈 수 없는 것이다.

안중근 의사는 이름없는 필부에 불과했으나 그의 마음에는 결코 빼앗길 수 없는 지(志)가 있었기에 하얼빈에서 삼군의 총사령관이나 다름없던 이토 히로부미를 척살하고 조선의 독립과 동양평화의 뜻을 보일 수 있었던 것이다.

귀하게 쓰일 날을 기다리며

子貢曰 有美玉於斯 韞匵而藏諸
자공왈 유미옥어사(하니) 온독이장제(이까)
자한(子罕)

다음과 같은 내용의 수필을 읽은 기억이 있다. 싸구려 반지는 싼 값에 빨리 주인을 만나지만 색이 바래지면서 금세 버림을 받는다. 그러나 값비싼 다이몬드는 쉽게 주인을 만나기 어렵지만 귀한 값을 치른 주인을 만나 평생 동안 귀한 대접을 받게 된다는 내용이었다.

자공왈(子貢曰) 유미옥어사(有美玉於斯)하니 온독이장제(韞匵而藏諸)이까는 자공이 공자에게 '아름다운 옥이 있다면 궤 안에 감추는 게 나을까요? 좋은 값을 기다려 파는 게 좋을까요?' 라고 물은 것이다.

공자께서는 세상을 밝힐 아름다운 도(道)가 있다 해도 세상에서 쓰임을 받지 못하면 아무런 소용이 없다고 말씀하셨다. 그래서 공자께서는 혹시 누가 나를 써준다면 3년 안에 세상을 변화시킬 수 있다고 자신 있게 말씀하시곤 했다.

공자께서는 자공의 질문에 대해 자왈(子曰) 고지재고지재(沽之哉沽之哉)나 아(我)는 대가자야(待賈者也)이로라는 대답을 하셨다. '팔아야지. 나는 좋은 값을 기다리는 사람이다' 라고 말씀하셨다. 하지만 공자께서는 끝까지 자신을 써달라고 구걸하지 않으셨다. 그저 제 값을 쳐줄 사람을 기다렸을 뿐이다.

명예나 이익 때문에 값싸게 처신하는 사람들에게 꼭 필요한 구절이다.

똑같이 뜻을 펼칠 수는 없다

子可與共學 未可與適道 可與適道 未可與立 可與立 未可與權
자가여공학(이오도) 미가여적도(며) 가여적도(이오도) 미가여립(이며) 가여립(이오도) 미가여권(이니라)
자한(子罕)

고등학교를 다닐 때는 친구들 사이의 성취나 성과에 크나큰 차이가 없다. 물론 공부를 잘한다거나 힘이 세다는 차이점은 있지만 눈에 띌 정도는 아니다.

그러나 대학을 가고 직장생활을 하게 되면 그 차이는 점점 벌어지고 중년에 접어든 후에는 그 간격이 확연해진다. 특히 학창시절에는 별 볼일이 없었던 친구가 출세한 모습을 볼 때는 격세지감에 빠지게 된다.

가여공학(子可與共學)이오도 미가여적도(未可與適道)며 가여적도(可與適道)이오도 미가여립(未可與立)이며 가여립(可與立)이오도 미가여권(未可與權)이니라에서 입(立)은 입신양명(立身揚名)을 이르는 것이다. 또한 권(權)은 저울, 경중(輕重)과 대소(大小)를 분별하는 것을 이른다.

'함께 공부할 수는 있지만 함께 도(道)에 나갈 수는 없다. 또한 함께 도에 나가더라도 함께 입신할 수 없으며 함께 입신했다 해도 함께 권도(權道)할 수는 없다'이다.

많은 사람들이 주변에 출세한 친구의 도움을 받아 입신양명의 꿈을 이루고 싶어한다. 하지만 이는 쉬운 일이 아니다. 이미 서로 다른 가치관과 판단력을 가지고 있는 사람들끼리 권세를 나누어가지기는 쉽지 않은 탓이다.

정치란 백성의 식량을 풍족하게 해주는 것

子貢 問政 子曰 足食 足兵 民信之矣
자공 문정(한대) 자왈 족식 족병(이면) 민신지의(나라)

안연(顔淵)

 정치(政治)가 중요한 이유는 정치를 통해 우리 사회에서 중요한 일의 우선 순위를 정하기 때문이다. 최근 논란이 되고 있는 무상급식이나 무상복지 등을 떠올리면 쉽게 이해될 것이다. 별다르게 하는 일 없어 보이는 정치가들이 중요한 대접을 받는 이유도 바로 여기에 있다. 이 구절에서는 자공(子貢)이 공자에게 정치에 관해 물어보고 있다.

 공자께서는 정치란 백성의 식량을 풍족하게 해주고, 나라의 힘을 강하게 하며, 모든 사람이 믿고 신뢰할 수 있도록 만드는 것이라고 말씀하셨다.

 자공(子貢) 문정(問政)한대 자왈(子曰) 족식(足食) 족병(足兵)이면 민신지의(民信之矣) 나라에서 정(政)은 나라를 다스린다, 족(足)은 풍족할 족이다.

 자공이 다시 '그럼 이 세 가지 중에서 부득이하게 뺀다면 어떤 것으로 하는 게 좋을까요' 라고 물었다. 그러자 공자께서는 망설임없이 '군대를 버려야 한다' 고 말씀하셨다. 다시 자공이 '그럼 또 한 가지를 빼야 한다면 이번에는 어떤 것이 좋을까요?' 라고 묻자 그렇다면 '식량을 버려야 한다' 고 말씀하셨다. 그리고 군대와 식량이 없어 모두 죽게 되더라도 백성에게 믿음을 주지 않는다면 국가 자체가 존립할 수가 없다고 말씀하셨다.

 우리의 정치인들이 국민들에게 얼마만큼의 신뢰와 믿음을 주고 있는지 궁금해진다.

선량한 사람은 하늘에서 주신 선물

周有大賚 善人是富
주유대뢰(하신대) 선인(이)시부(하니라)
요왈(堯曰)

주나라 무왕(武王)은 은(殷)나라의 유명한 폭군인 주(紂)왕을 몰아내고 주나라를 종주국으로 만든 당사자이다. 은나라의 주왕은 진시황(秦始皇)보다 더 잔인한 폭군이었는데, 호랑이를 맨손으로 잡을 정도로 완력이 좋았으며, 조정의 모든 서류를 기억할 만큼 두뇌가 명석했다고 한다. 그러나 주왕은 어느 날부턴가 사람들을 업신여기기 시작했고, 애첩인 달기에게 빠져 별다른 이유도 없이 사람을 죽이는 악행을 저질렀다.

하루는 주왕의 삼촌인 비간(比干)이 주왕에게 간곡히 충고를 했다. 하지만 주왕은 '성인의 심장에는 구멍이 일곱 개라는데 당신 심장의 구멍은 몇 개인지 내가 봐야겠소' 라는 말과 함께 비간을 죽여 버렸다. 그 후 신하, 친인척, 백성들이 주왕의 곁을 떠나버렸다.

주유대뢰(周有大賚) 선인(善人)이 시부(是富)하니라는 주나라 무왕(武王)이 은나라의 주를 공격할 때 우리 주나라에는 하늘이 주신 큰 선물이 있다. 곧 선량한 사람이 많다는 것이다라고 말한 것이다.

결국 은나라 주왕은 선량한 사람이 그의 곁을 떠나가 망했으며, 주나라 무왕은 선량한 사람이 그의 곁을 지켜 새로운 나라를 만들 수 있었던 것이다.

함께 뜻을 모으는 사람의 중요성을 알려주는 구절이다.

제9장 [나눔의 길]

나눌수록 채워진다

예를 사용할 때도 조화 있게

有子曰 禮之用 和爲貴
유자왈 예지용(이) 화위귀(하니)
학이(學而)

사람은 혼자서는 살 수 없다. 가족과 함께 살아야 하고, 이웃과 이웃이 어깨를 맞대고 살아야 한다. 시대가 변해갈수록 낯모르는 사람들과 어울려 살아가는 기회도 많아지고 있다. 예(禮)가 필요한 이유가 바로 여기에 있다.

부모와 자식, 선생님과 제자, 남편과 아내, 윗사람과 아랫사람은 모두 분별과 다름이 필요하다. 부모와 자식이 허물없이 대하는 것을 넘어서서 서로가 서로를 똑같이 대한다면 누가 부모이고 자식인지 가늠할 수 없을 것이다. 또한 선생과 제자 역시 서로 다름을 보여야 구별이 가능하다는 것이다.

이 같은 다름과 구별을 만들어내는 것이 바로 예이다. 그러나 예가 만들어내는 이와 같은 분별과 다름은 억지로, 기분 나쁘게 이루어지는 것이 아니라 서로 화(和)하며, 서로 즐겁게(樂) 지낼 수 있는 바탕을 만들어주기 위함이다. 그러나 지나치게 화와 락(樂)으로 치우치면 서로를 동질화시킬 수 있으므로 예를 통해 절제하며 다름과 분별을 만들어나갈 수 있도록 해야 한다. 이것이 바로 예를 통해 진정한 조화를 만들어나가는 길이다.

유자왈(有子曰) 예지용(禮之用)이 화위귀(和爲貴)하니는 예에 대한 의미를 보여주는 글귀이다.

자리에 맞게 행동해야

子食於有喪者之側 未嘗飽也 子於是日 哭則不歌

자(이)식어유상자지측(에) 미상포야(시다) 자어시일 곡즉불가(시다)

술이(述而)

　　우리나라 사람들의 식탐은 세계적으로 유명하다. 그래서 그런지 장례식
장에 가서도 우리나라 사람들은 거하게 식사를 즐기곤 한다. 특히 장례음식
으로 나오는 육개장은 붉은 색깔 때문에 그런지 귀신과 액운을 쫓아주는 음
식으로 각광받고 있으며, 떡과 돼지머리를 누른 편육 등도 꼭 필요한 장례음
식 중 하나이다.

　　장례음식은 망자가 세상을 떠나며 자신에게 고맙게 대해주었던 사람들에
게 마지막으로 베푸는 음식인 까닭에 차린 음식이 조금 푸짐해도 크게 흉볼
일은 아니다. 그러나 유족들은 슬픔과 아픔에 빠져 있는데 지나치게 음식을
탐하는 것은 예의에 어긋나는 일이 아닐까?

　　자(子)이 식어유상자지측(食於有喪者之側)에 미상포야(未嘗飽也)시다, 자
어시일(子於是日) 곡즉불가(哭則不歌)시다는 때와 장소에 맞추려는 공자의
예절을 보여주는 글귀이다. 공자께서는 상을 당한 곁에서는 포식을 하지 않
으셨고, 곡을 하신 날에는 노래를 하지 않으셨다고 한다.

　　공자께서는 초상집에 가서서 제대로 음식을 드시기 어려웠으며, 초상집
에 가서 곡(哭)을 한 뒤에는 슬픔을 잊을 수 없어 하루 종일 노래를 하지 않으
셨다는데, 조문하는 그 순간만이라도 예의를 지키는 것이 바른 도리가 아닐
까?

하찮은 동물도 소중하네

子釣而不綱 弋不射宿
자조이불강(하시며) 익불사숙(이러시다)

술이(述而)

공자의 어린 시절은 빈한하였다. 공자는 홀어머니의 손에서 자랐는데, 홀어머니를 모시기 위해 온갖 궂은 일을 다했다고 한다. 심지어 낚시로 물고기를 잡고, 주살을 이용해 새를 잡아서 홀로 계시는 어머니를 봉양했다고 한다.

자조이불강(子釣而不綱)하시며 익불사숙(弋不射宿)이러시다는 낚시는 하지만 그물질은 하지 않고, 주살로 잠자는 새를 쏴서 잡지 않았다는 말이다.

공자께서는 홀어머니를 봉양하고, 자신의 생계를 위해 어쩔 수 없이 낚시를 하고 새를 잡았지만 다른 생명을 재미로 잡거나 이익을 위해 무분별하게 잡지는 않았다는 것이다.

생활이 몹시 빈궁했던 공자로서는 부지런히 몸만 움직이면 어느 정도 이익을 볼 수도 있었던 낚시와 사냥을 절제하는 일이 결코 쉽지 않았을 것이다. 그러나 공자는 이렇게 작은 일조차 인의(仁義)를 가지고 대했음을 알 수 있다.

사람이 잡아서 먹거나 팔 수 있는 물고기와 새에게조차 이렇게 인의를 가지고 대했으니 사람에게는 어떻게 대했을지 짐작이 가고도 남는다.

덕은 마음에서 우러나온다

仁遠乎哉 我欲仁 斯仁至矣
인원호재(아) 아욕인(이면) 사인지의(니라)
술이(述而)

　　서울시 성북구에 자리한 성가복지병원은 특이한 방법으로 운영되고 있
다. 성가복지병원에는 따로 정해진 의사나 간호사, 간병인들이 없다. 다만
자원봉사를 할 의사, 간호사, 간병인들이 시간 약속을 하고 병원을 찾아와 환
자들을 진료하고 봉사활동을 한다. 환자를 진료하고, 침대시트를 세탁하고,
환자를 위한 음식을 만드는 일들이 자원봉사로 운영되고 있다. 그저 칠판에
있는 일정표에 자신이 올 수 있는 시간을 적어 놓기만 하면 어려운 환자들을
돕는 약속이 실행되는 것이다. 이들은 자신의 마음속에 있는 인(仁)을 자연
스럽게 불러내서 실천하고 있다.

　　인원호재(仁遠乎哉)아 아욕인(我欲仁)이면 사인지의(斯仁至矣)니라는 말
에서 공자는 인(仁)은 멀리 있지 않다. 내가 인을 바라면 당장에 인이 앞에 나
타난다고 말씀하셨다.

　　인은 마음에서 우러나는 덕(德)이다. 누구나 마음 속에 가지고 있는 것이
며 절대 멀리 있는 것이 아니다. 그러나 많은 사람들은 인을 아주 멀리 있는
것으로 생각한다.

　　하지만 성가복지병원의 자원봉사자들처럼 마음 속에 있는 인을 꺼내 놓
으면 더 많은 사람들이 행복해진다는 사실이다.

만약 친구가 먼저 죽는다면

朋友死 無所歸 曰 於我殯
봉우(이)사(하여) 무소귀(어든) 왈 어아빈(이라하시다)
향당(鄕黨)

신라 진흥왕 시절 화랑이었던 사다함은 16세의 나이로 낭도 1천 명을 거느리는 화랑으로 추대되었다. 그는 진흥왕 23년인 562년 이사부가 대가야를 정벌할 때 비장(裨將)으로 출전해 대가야를 멸망시키는데 커다란 공을 세웠다.

그러나 사다함은 17세의 나이로 그만 세상을 떠나고 말았다. 어려서부터 우정을 맺은 친구 무관량이 병들어 죽자 슬퍼한 나머지 7일 동안 아무런 음식도 먹지 않고 통곡하다가 그만 따라 죽고 만 것이다.

바쁜 세월과 생계 때문에 이렇게 아름다운 이야기도 귓등으로 듣게 되지만 공자께서는 친구를 위해 기꺼이 마음을 열어 놓고 정성을 다해 도와주셨음을 알 수 있다.

봉우(朋友)이 사(死)하여 무소귀(無所歸)어든 왈어아빈(曰於我殯)이라하시다에서 붕(朋)은 벗을 말하며 귀(歸)는 돌아간다는 의미이다. 그 뜻은 친구가 죽었는데 돌아갈 곳이 없다면 내 집에 빈소를 차리라고 말씀하셨다는 뜻이다.

우리 속담에 '정승집 개가 죽으면 문상객이 차고 넘치지만 정승이 죽으면 찾아오는 조문객이 없다' 는 말이 있다. 내가 그토록 아끼던 친구라 해도 죽은 친구를 위해 기꺼이 내 집을 내놓고 돌봐줄 사람이 몇이나 될까? 친구를 위한 의리를 강조하시는 공자의 말씀이 귓전을 울린다.

친구를 대할 때는 이렇게

子貢 問友 子曰 忠告而善道之 不可則止 毌自辱焉
자공(이) 문우(한대) 자왈 충고이선도지(호대) 불가즉지(하야) 무자욕언(이니라)
안연(顏淵)

청소년 시절에 범죄를 저지른 사람들의 경우 단독범행의 경우는 흔치 않다. 이들은 대개 친구들과 함께 어울리다 남의 물건을 훔치거나 다른 사람을 폭행하는 범죄를 저지르기 쉽다. 그런데 이들은 범행을 저지를 때는 천하에 없는 의리를 가진 것처럼 행동하지만 막상 죄값을 치러야 할 때는 친구 꾐에 넘어가서 그랬다며 죄를 미루는 경우가 대부분이다. 친구란 부모나 형제와 달리 태어나면서부터 맺어진 관계가 아니라 살아가면서 맺어진 관계이기 때문에 자신의 이익이 걸렸을 때는 얼굴 표정을 바꾸기가 쉬운 것이다.

이것은 좋은 뜻으로 친구에게 충고를 할 때도 마찬가지이다. 나는 좋은 마음으로 친구를 위해 정성을 다해 충고를 하지만 친구는 자존심을 상하는 경우가 많다. 살아가면서 맺어진 관계이기 때문이다.

그래서 공자님께서는 제자인 자공(子貢)에게 이렇게 말씀하셨다. 자공(子貢)이 문우(問友)한대 자왈(子曰) 충고이선도지(忠告而善道之)호대 불가즉지(不可則止)하야 무자욕언(毌自辱焉)이니라. 즉 자공이 친구에 대해서 여쭙자 공자께서는 좋은 충고와 선으로 인도하는 것이 맞지만 안 되면 그만두어야 한다.

지나친 충고로 욕보이는 일이 없게 하는 것이 좋다는 의미를 담고 있다.

부자가 되고 싶습니까?

부자로 살 수만 있다면

富而可求也 雖執鞭之士 吾亦爲之 如不可求 從吾所好
부이기구야(이면) 수집편지사(라도) 오역위지(어니와) 여불가구(인댄) 종오소호(하리라)

술이(述而)

　한 조사에 따르면 우리나라 대학생들은 약 10억 원이 있으면 부자로 생각한다고 한다. 그러나 사회학자들이 말하는 중산층에 관한 정의를 보면 이보다 더 여유가 있어야 할 것 같다. 직업은 의사나 변호사 등의 전문가이거나 대기업 간부여야 하며, 집은 33~42평 정도의 아파트 이상을 소유하고 있어야 한다. 또한 두 명의 자녀를 별다른 어려움없이 공부시킬 수 있으며, 통장에 약 2억~5억 원 정도의 현금을 가지고 있어야 한다.

　문제는 우리나라 사람들 대부분이 부자병에 걸렸다는 것이다. 부자로 살아갈 수만 있다면 어느 정도의 탈법이나 위법을 저질러도 괜찮다고 생각한다. 심한 경우는 내가 위법을 저질러 감옥에 들어가더라도 그 돈으로 가족들만 잘 살 수 있다면 얼마든지 감수하겠다는 사람도 있다.

　공자께서도 부자가 될 수만 있다면 채찍을 들고 시장터에서 경비를 서거나 고관대작이 행차하실 때 이를 인도하는 하인이라도 하겠다고 말씀하셨다. 부이기구야(富而可求也)이면 수집편지사(雖執鞭之士)라도 오역위지(吾亦爲之)어니와 여불가구(如不可求)인댄 종오소호(從吾所好)하리라가 바로 그 뜻을 지닌 문장이다.

　그러나 공자께서는 한 가지 단서를 다셨다. 바로 '도(道)'에 어긋나지 않고 부를 구할 수 있다면' 이라는 단서였다.

뜬구름 같은 인생

不義而富且貴 於我 如浮雲
불의이부차귀(는) 어아(에) 여부운(이니라)
술이(述而)

'금잔에 가득한 술은 많은 사람의 피고, 옥반에 담긴 좋은 안주는 만백성의 기름이라. 흐르는 촛농은 백성의 눈물이요, 노래 소리 드높은 곳에 백성의 원성이 높더라.'

이 글은 남원부사 변학도의 잔치에 나타난 암행어사 이몽룡이 남겨 놓은 시(詩)이다. 변학도의 잔치에 참여했던 마을 유지들은 이 시를 듣자마자 그 자리에서 줄행랑을 쳤다. 결국 변학도는 탐관오리의 한 표본이 되어 이몽룡에게 봉고파직(封庫罷職)을 당하였다. 많은 사람들이 변학도가 춘향이를 탐해서 곤욕을 치른 것으로 알고 있지만 사실은 변학도의 무능과 의롭지 않은 치부에 원인이 있었다는 사실을 밝혀주는 시이기도 하다.

공자께서는 의롭지 않게 재물을 차지하고 귀한 자리를 차지하는 것은 뜬구름 같은 일이라고 말씀하셨다. 천하의 도리(道理)를 지키지 않고 부와 명예와 귀한 자리를 누려봤자 결국은 변학도와 같이 뜬구름을 잡는 일을 하다가 결국 무의미하고 허망한 꼴을 당하기 쉽다는 말씀을 하신 것이다.

불의이부차귀(不義而富且貴)는 어아(於我)에 여부운(如浮雲)이니라에서는 공자의 평소 생활관인 안빈낙도(安貧樂道)하는 자세를 확인할 수 있다.

요즘 뜬구름에 앉았다가 허망하게 추락하는 사람들이 너무도 많다.

사치가 심해지면

奢則不孫 儉則固 與其不孫也 寧固
사즉불손(하고) 검즉고(니) 여기불손야(론) 영고(니라)
술이(述而)

허영만 화백이 그린 《부자사전》을 보면 우리나라 부자들의 모습이 나온다. 부자 아버지를 만나 쉽게 부를 누리는 사람부터 부자 아버지를 두고도 어렵게 재산을 모으는 사람, 혼자 알몸뚱이로 세상을 떠돌다가 좋은 아내나 남편을 만나 적지 않은 부를 이룬 사람까지 부자들의 다양한 군상(群像)을 확인할 수 있다.

그러나 이 책에 나오는 부자들이 한결같이 두려워하는 것이 있다. 그것은 바로 자신의 자식들이 함부로 재산을 낭비하고 사치에 빠져들지 않을까 하는 걱정이다. 소위 졸부라 불리는 사람들의 자식들을 보면 부모의 재산을 세상 무서운 줄 모르고 사용한다. 부모가 어떻게 재산을 모으고, 지켰는지는 안중에도 없이 명품과 향락에 빠져 돈을 물처럼 펑펑 쓰는 것이다.

사즉불손(奢則不孫)하고 검즉고(儉則固)니 여기불손야(與其不孫也)론 영고(寧固)니라는 사치하면 불손하게 굴기 쉽고, 검약하면 고루게 된다는 말이다. 여기서 손(孫)은 공손하다는 의미이며, 고(固)는 고루하다는 의미이다.

공자께서는 사치로 인해 불손해지는 것보다는 차라리 낡은 관습에 젖은 채 헤어나올 줄 모르는 고루한 모습이 더 낫다고 말씀하셨다. 옳은 말씀이다.

가난을 걱정하지 않는 이유

丘也聞 有國有家者 不患寡 而患不均 不患貧 而患不安
구야(는)문 유국유가자(는) 불환과 이환불균(하며) 불환빈 이환불안(이라호니)

계씨(季氏)

'가난은 나랏님도 구제하지 못 한다' 는 말이 있다. 그만큼 가난은 해결하기 어려운 문제였다. 조선왕조는 물론 고려시대와 삼국시대까지 우리나라 조정들은 주식으로 먹는 벼의 증산을 위해 많은 노력을 기울였다. 저수지를 쌓고, 벼의 개량을 시도했으며, 중국에서 새로운 농법이 소개될 때마다 이를 도입해 한 톨의 쌀이라도 더 생산하기 위해 안간힘을 썼다. 그러나 해마다 찾아오는 보릿고개는 참혹할 정도였으며, 2~3년에 한 번씩 덮쳐오는 가뭄과 홍수, 그리고 병충해는 이런 참혹함을 더하곤 했다. 그래서 영조대왕은 수라에 세 가지 이상의 반찬을 놓지 않았고, 백성들과 같은 베옷을 입고 지내셨지만 끝내 지독한 가난과 기근을 해결하지는 못했다.

하지만 공자께서는 나라를 다스리는 사람은 백성이 적음과 가난을 걱정하지 않는다고 말씀하셨다. 혜택이나 분배가 고르게 이루어진다면 가난은 해결될 수 있다고 생각하셨다.

구야(丘也)는 문(聞) 유국유가자(有國有家者)는 불환과(不患寡) 이환불균(而患不均)하며 불환빈(不患貧) 이환불안(而患不安)이라는 바로 이런 뜻을 지닌 구절이다.

이 글은 공자께서 분배와 혜택을 말씀하신 글이다.

우리도 가난한 사람들에 대한 관심을 놓지 않아야 할 것이다.

231

공자께서 가장 걱정하신 일

子之所愼 齋戰疾
자지소신(은) 재전질(이러시다)
술이(述而)

옛날 사람들이 두려워하던 것 중 하나가 호환(虎患)과 마마(홍역)였다. 지금은 우스갯소리처럼 들리겠지만 옛날 사람들은 호랑이에게 잡혀 먹히는 호환이 두려워 저녁에는 아예 밖에 나갈 생각도 하지 못했고 용변조차 방안에서 요강으로 해결해야 했다.

또한 홍역이 한 번 마을에 돌면 아이들은 물론이고 어른들까지 모조리 죽는 참혹함을 겪어야 했다. 그래서 공자께서는 평소 자신의 생활 속에서 신중하게 생각하는 것 중 하나로 질병을 꼽았다. 평소에 규칙적인 생활과 관심으로 건강을 유기하기 위해 노력하셨다.

또한 공자께서는 제사를 드리기 전 목욕재계(沐浴齋戒)하는 일에 정성을 드리셨다. 이것은 하늘과 교감하며 신명을 나누기 위해서 꼭 필요한 일이었다. 이와 더불어 공자께서는 전쟁에 촉각을 세우고 늘 신중하게 생각하셨다. 왜냐하면 전쟁이 일어나면 국가와 백성의 존망이 결정되기 때문이다.

자지소신(子之所愼)은 재전질(齋戰疾)이러시다는 평소 신중하고 절제됐던 공자의 생활을 보여주는 글귀이다.

특히 나라의 운명과 개인의 운명에 대해 많은 관심을 기울이셨던 공자의 마음을 헤아릴 수 있다.

지혜의 창고, 논어

子以四教 文行忠信
자이사교(하시니) 문행충신(이니라)
술이(述而)

공자께서는 네 가지만 가르치셨다고 한다. 문(文), 행(行), 충(忠), 신(信)이 바로 그것이다. 문(文)은 학문을 말하는 것이며, 행(行)은 학문을 실천하고 덕행을 쌓는 일을 말한다. 충(忠)은 나라는 물론 사회와 가족 모두에게 충실하게 최선을 다하는 것을 말한다. 신(信)은 주위 사람들에게 믿음을 지키며 신의를 지켜 나가는 것을 말한다.

한 가지 재미있는 것은 2500년 전에 공자께서 하신 말씀이 현재도 정확히 들어맞는다는 사실이다. 문·행·충·신을 학교의 교훈으로 삼거나 대학의 교육 목표로 삼아도 전혀 손색이 없다.

이것이 바로 공자의 말씀이 몇천 년을 지나면서도 생명력을 잃지 않는 이유이며, 논어가 주는 매력의 하나이다. 논어는 여전히 지금 시대에 필요한 말과 생각을 가장 함축적으로 보여주는 지혜의 창고 역할을 해주고 있기 때문이다.

그러나 지금 우리는 어린 학생들에게 어떤 것을 가르치고 있는지 곰곰이 생각해봐야 할 것 같다. 초등학교 저학년부터 대학 진학만을 위해 공부하고, 덕행을 쌓는 일은 별다른 이익이 없는 일로 가르치고 있지는 않은가? 얕은 지식을 쌓아서 오직 혼자 잘 먹고, 잘 사는 일에 충실하도록 가르치고 있는 것은 아닌지 의구심이 생긴다.

그 자리에 있지 않으면 정사를 논하지 않는다

不在其位 不謀其政
부재기위(하얀) 불모기정(이니라)
태백(泰佰)

새로운 정권이 들어설 때마다 듣게 되는 이야기가 정권실세에 관한 이야기다. 어떤 면에서 보면 정권실세가 대통령 못지않은 권력을 행사한다는 생각마저 들기도 한다.

정권실세들은 이권에 개입하기도 하고 인사청탁을 하면서 권력을 휘두르고 다닌다. 적합하지 않은 인허가를 내주고, 정책사업을 정권의 관점에서 무리하게 밀어붙인다. 정권이 잘 나갈 때는 휘황찬란한 권력으로 온몸을 치장하고 세상에 없는 위세를 누리지만 마지막에는 결국 온갖 비리와 불법개입 사실이 밝혀지면서 결국 영어(囹圄)의 몸이 되고 만다.

그래서 공자께서는 '그 자리에 있지 않으면 그 정사를 논하지 않는다' 고 말씀하셨다. 책임질 자리에 있지도 않은 사람이 함부로 정사에 개입해 이권을 챙기거나 엉뚱한 방향으로 일을 몰고 가며 자신의 힘을 과시하지 않는다는 말이다.

부재기위(不在其位)하얀 불모기정(不謀其政)이니라에서 모(謀)는 일을 꾀한다는 의미이며, 정(政)은 나라를 다스린다는 뜻이다.

요즘 신문과 방송에 오르내리는 정권 실세들이 가슴에 새겼으면 좋을 말이다.

오늘 봉황이 내려오지 않으니

鳳鳥不至 河不出圖 吾已矣夫
봉조부지(하며) 하불출도(하니) 오이의부(인저)
자한(子罕)

봉황(鳳凰)은 상서로운 새이다. 성인(聖人)이 출현하거나 백성들을 위한 덕이 펼쳐질 때 나타나는 새이기 때문이다. 공자는 이 구절을 통해 좀처럼 볼 수 없었던 깊은 탄식을 내뱉고 있다. 아무리 기다려도 하늘에서 봉황새는 내려오지 않으며, 복희(伏羲)가 황하에서 나타났다고 하는 용마의 등에 그려진 도문(圖文) 역시 나타날 기미가 보이지 않기 때문이다. 복희는 중국 고대의 전설상에 나타나는 임금으로 백성들에게 고기잡이와 사냥, 목축 등을 가르쳤으며 주역의 원리가 되는 팔괘를 만들었다고도 전해진다.

공자는 인생의 모든 역정을 겪고 자신이 원하던 세상이 오지 않는 것에 대해 깊이 한탄을 하고 있는 것이다.

봉조부지(鳳鳥不至)하며 하불출도(河不出圖)하니 오이의부(吾已矣夫) 인저에서 봉(鳳)은 성인이 세상에 나면 이를 반기며 나타난다고 하는 길조를 말한다. 하(河)는 황하(黃河)를 말하며, 이의(已矣)는 틀렸다는 절망을 나타내는 말이다.

학문과 덕행을 닦으며 언젠가 나타날 성인의 출현을 고대하던 공자의 바람은 이렇게 허무하게 무너지고 있는 듯이 보였다. 그러나 공자께서는 스스로 성인이 되어 봉황이 나타나게 할 줄은 꿈에도 짐작하지 못 하셨던 듯싶다.

235

성인의 발자취를 따르지 않으면

子張 問善人之道 子曰 不踐迹 亦不入於室
자장(이) 문선인지도(한대) 자왈 불천적(이나) 역불입어실(이니라)
선진(先進)

영국은 세계에서 가장 열광적인 팬을 거느리고 있는 축구의 국가이다. 주말이면 골 하나에 일희일비하는 사람들이 넘쳐난다. '홀리건' 이라 불리는 이들은 응원하는 팀을 위해 자신이 할 수 있는 모든 애정을 쏟아 붓고 있다. 그래서 이들은 경기장 난동과 방화, 폭력행위까지 서슴지 않는다. 하지만 이들이 두렵다고 해서 축구 경기를 멈출 수는 없다. 때로는 광적일 정도로 매달리고 애정을 쏟아 부어야만 원하는 결과를 얻을 수도 있기 때문이다.

사회학자들은 우리나라가 세계적인 핸드폰 강국이 된 것은 유치원생조차 핸드폰을 좋아해 부모를 졸라 구매하였기 때문으로 해석하고 있다.

자장(子張) 문선인지도(問善人之道)한대 자왈(子曰) 불천적(不踐迹)이나 역불입어실(亦不入於室)이니라에서 선인(善人)은 본바탕이 착해 법 없이도 살 사람들을 말한다. 이들은 본바탕이 선하고 착하여 학문을 하지 않고, 성인을 닮지 않아도 다른 사람들에게 피해를 주지는 않는다. 그러나 아무것도 공부하지 않고, 노력하지 않았기 때문에 성인의 경지에는 오르지 못한다.

더 깊고 높은 경지에 오르기 위해서는 위험을 무릅쓰고라도 열심히 노력하는 모습이 필요하다.

정치는 바르게 만드는 것

정치는 바르게 만드는 것

季康子 問政於孔子
계강자(이) 문정어공자(한대)
안연(顏淵)

계강자(季康子)는 노나라의 재상으로 막강한 권력을 누리던 사람이다. 계강자와 공자는 정치를 비롯해 다양한 이야기를 나눈 것으로 기록돼 있다.

계강자가 공자에게 문정어공자(問政於孔子)한대, 정치가 무엇인지 물어보았다. 그러자 공자께서는 정자(政者)는 정야(正也)이니 자솔이정(子帥以正)이면 숙감부정(孰敢不正)이리오라고 대답하셨다. '정치는 바르게 하는 것입니다. 그대가 바르게 한다면 감히 바르게 하지 않을 사람이 있겠습니까?'라고 대답하셨다.

계강자는 사실 공자에게 이미 여러 번 정치에 관한 말을 들었다. 그러나 그때마다 계강자는 자기 마음대로 정치를 펼쳤다. 이미 그는 많은 사람들에게 왕을 두고 한낱 대부가 정치를 농단하며, 그 가신들이 나라와 정치를 버려놓고 있다는 비난을 받고 있었다.

내가 바르지 않다면 다른 사람을 바르게 할 수는 없다. 그런데 계강자는 정치가 바르지 않고, 백성이 바르지 않은 것을 오직 다른 사람들의 탓으로만 돌렸다.

공자는 바로 그 부분을 지적하고 계신 것이다.

나를 써준다면

苟有用我者 朞月而已 可也 三年 有成
구유용아자 기월이이(라도) 가야(이니) 삼년(이면) 유성(이니라)

자로(子路)

이 문장은 공자께서 위(衛)나라의 영공(靈公)에게 자신을 써줄 것을 청하였으나 뜻이 받아들여지지 않은 후에 하신 말씀이다.

공자께서는 13년 동안 천하를 떠돌아다니며 자신을 써줄 군주를 구하기 위해 노력했다. 공자가 커다란 능력을 가지고 있다해도 결국 군주가 아니기에 자신의 능력을 펼치기 위해서는 자신을 써주는 제후를 만나야만 했다. 그러나 아쉽게도 공자에게 손을 내미는 곳이 없었고 끝내 자신의 경륜을 펼칠 기회를 얻지 못했다. 특히 위나라는 노(魯)나라와 형제 국가로 불렸기 때문에 공자께서는 더 친근감을 가지셨다고 한다. 3년만 바르게 다스리면 훌륭한 국가로 성장할 것이라 믿으셨던 것이다.

구유용아자(苟有用我者) 기월이이(朞月而已)라도 가야(可也)이니 삼년(三年)이면 유성(有成)이니라에서 기월(朞月)은 일년을 말한다. 또한 삼년유성(三年有成)에서 삼년은 도덕정치의 성과를 올릴 수 있는 기한이다.

뜻을 펼치는 것이 실력의 유무만으로 되는 것이 아니다. 공자께서는 이를 통해 교육으로 훗날을 기약할 것을 다짐하셨다. 어찌 보면 이것이 후손들에게는 더 유익한 일이었을지도 모르겠다.

어떤 모습이 선비의 모습인가

子貢 問曰 何如 斯可謂之士矣
자공(이) 문왈 하여(라야) 사가위지사의(잇고)
자로(子路)

자공(子貢)은 스승인 공자에게 어떤 모습이어야 선비라고 할 수 있는지 여쭤보았다. 그러자 공자께서는 몸가짐과 언행에 부끄러움을 느낄 수 있어야 한다고 말씀하셨다. 부끄러움을 느낀다는 말은 자기 행동에 조심하며 작은 잘못이라도 있으면 곧바로 부끄러움을 느끼고 고쳐야 한다는 말이다. 공자께서 말씀하신 실천과 맞닿아 있는 말이다.

우리 사회에는 잘못을 저지르고도 부끄러움을 모르는 사람이 얼마나 많은가? 공자께서는 이런 사람은 염치없이 자신의 잘못을 고칠 줄 모르는 사람이기 때문에 선비가 될 수 없다고 말씀하셨다.

또한 외교사절로 나가면 임금으로부터 위임받은 사명을 욕되게 하지 말아야 한다고 말씀하셨다. 나라 안에서는 어떤 잘못을 해도 개인적인 문제로 돌아가지만 외국에 나가면 나라를 대표하는 사람이 된다. 따라서 나라를 대신해 맡은 업무를 떳떳하게 처리할 수 있는 학문과 능력이 있어야 한다는 것이다.

공부를 열심히 하는 사람은 많지만 진정한 선비의 풍모가 느껴지는 사람은 드물기만 한 것 같다.

가르침에는 차별이 없어야 한다

有教無類
유교무류(니라)
위령공(衛靈公)

공자의 교육을 한마디로 말하면 개천에서 용이 나오게 하는 교육이다. 공자께서는 자신에게 배움을 청하는 제자의 신분과 빈부를 따지지 않으셨다. 얼마나 열심히 학문을 닦고 덕행을 쌓으며 군자로서의 삶을 만들어 나가기 위해 노력하는지 그것만 눈여겨 보셨다.

실제로 공자께서는 천민 출신의 중궁이라는 제자를 가르쳐서 실력 있는 행정가로 만들었으며 자로(子路)라는 폭력배에 가까운 제자를 능력 있는 무장으로 바꾸어 놓았다.

지금도 마찬가지지만 어느 시대나 부의 세습은 곧 학력의 세습으로 이어지며 이것은 심각한 기득권층의 세습으로 이어진다.

그러나 공자께서는 그 엄격한 신분제 사회 속에서 이렇게 말씀하셨다. '가르침에는 차별이 없다' 유교무류(有教無類)이니라가 바로 그 뜻을 가지고 있는 말이다.

개천에서 용이 나지 않는 사회는 부와 학력과 기득권이 대물림되는 사회이다. 교육은 계층간의 이동을 가능하게 해주는 거의 유일한 방법이다.

유교무류(有教無類)는 지금도 꼭 필요한 교육철학이다.

말이란!

辭達而已矣
사달이이의(니라)
위령공(衛靈公)

말을 일컬어 세상을 향해 날아가는 화살이라고 한다. 그만큼 말 한마디가 소중하고 중요하다는 의미이다. 최근 유명 개그맨이 10년 전 인터넷 방송에서 했던 말 때문에 방송 중단을 선언한 걸 보면 그 말이 틀린 말은 아닌 듯하다. 그는 가난하고 배고프던 시절 생계를 위해 이말 저말을 함부로 했지만 그 말이 늘 마음의 짐으로 남아 있었다고 한다.

공자께서는 말이란 뜻만 제대로 전달되면 된다고 하셨는데, 사람들의 귀와 마음을 끌기 위한 그의 말이 너무 날카로운 비수가 되어 세상을 떠돌고 있었던 것은 아닐까 하는 생각이 든다.

실제로 우리는 하루 종일 수없이 많은 말들을 주고받으며 살고 있다. 그러나 누구라도 내가 꼭 필요한 말을 했다고 자신하는 사람은 드물 것이다. 내가 좀 더 돋보일 수 있도록, 내가 다른 사람들에게 주목을 끌 수 있도록 과장되고 부풀린 말을 내놓기 일쑤이기 때문이다.

사달이이의(辭達而已矣)나라에서 사(辭)란 말을 의미하며, 때로 외교 문서로 풀이되기도 한다. 말은 뜻을 바르고, 정확하게 전달해야 한다는 말이다.

말로 나를 돋보이도록 하지 말고, 안 보이는 실력을 키우는 데 집중하는 것이 좋겠다.

論語

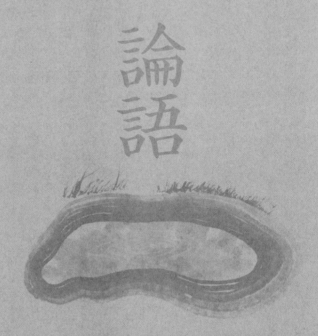

제11장 [아름다움의 길]

아름다운 인생

두루 통하고 화합하며

君子周而不比 小人比而不周
군자(는) 주이불비(하고) 소인(은)비이부주(니라)
위정(爲政)

집을 리모델링하거나 신축공사를 해본 사람들이 공통적으로 하는 말이 있다. '다시는 집을 짓지 않겠다'는 것이다. 집 주변으로부터 끊임없이 민원을 받기 일쑤인 까닭이다. 공사를 진행할 때의 소음 때문에 괴롭다, 공사차량이 집 앞을 막아서고 있다, 우리 집 땅을 침범하고 있다 등 쉴 새 없이 들어오는 민원 때문에 하루도 마음 편히 공사를 진행한 날이 없다고 한다. 그렇다면 왜 그런 걸까?

이에 대한 해답을 주는 구절이 군자(君子)는 주이불비(周而不比)하고 소인(小人)은 비이부주(比而不周)니라이다. '군자는 두루 통하고 화합하고 사사로운 당파에 매이지 않는다. 그러나 소인은 당파에 매이고 두루 통하거나 화합하지 않는다'라는 뜻을 담고 있다. 여기서 주(周)는 대의를 바탕으로 모든 사람과 화합한다는 의미이고, 비(比)는 세속적 이익을 위해 당파적으로 행동한다는 것을 일컫는 말이다.

즉 군자는 이익에 얽매이지 않고 서로 화합하는데, 소인은 이익에 얽매여 서로 화합하지 않는다는 의미이다. 우리 사는 모습이 딱 소인의 모습과 같지 않은가? 내가 갖고 있는 것에 하나라도 해가 가면 바득바득 화를 내고, 나에게 이익에 생긴다면 그것이 잘못된 방법이라도 일단 좇고 보지 않는가? 공자님의 말씀에 부끄러움만 더할 뿐이다.

음악으로 찍은 쉼표 하나

子 在齊聞韶 三月不知肉味 曰 不圖爲樂之至於斯也
자(이) 재제문소(하시고) 삼월 부지육미(하사) 왈 부도위악지지어사야(호라)
술이(述而)

음악으로 기억되는 순간이 있다. 하굣길 친구와 함께 탔던 버스에서 나오던 음악, 연인시절 두 사람의 마음을 대변해주던 팝송, 늦은 밤 술 취한 아버지께서 흥얼거리시던 노래 등은 순간을 기억하는 추억이 된다. 시간이 흘러 그 음악을 들어도 그때의 기분에 젖어들 수 있기에 음악은 우리 삶에서 빠질 수 없는 즐거움이 되고 있다. 그뿐인가, 아침의 나른함을 깨우는 클래식 음악과 비 오는 날 운치를 더하는 피아노 연주곡은 삶에 지친 마음에 느낌표 하나를 던져준다. 공자께서도 이런 기분에 빠지셨던 게 분명하다.

자(子)이 재제문소(在齊聞韶)하시고 삼월부지육미(三月不知肉味)하사 왈(曰) 부도위악지지어사야(不圖爲樂之至於斯也)호라라는 말씀을 하신 걸 보면 말이다. 이 구절은 공자께서 제나라에 계실 때 순임금의 덕을 칭송한 음악을 들으시고 석 달간 고기맛을 잊으셨다는 내용을 담고 있다.

음악의 아름다움에 빠진 공자께서 '음악이 이렇게까지 훌륭한 경지에 이르리라고는 생각도 못 했다'고 하셨다니 음악에 흠뻑 젖은 공자의 모습이 눈에 보이는 듯하다.

사회가 각박해지면서 스트레스 지수 역시 높아지고 있다. 먹고 사는 문제에 여유를 가질 수 있는 사람은 많지 않다. 그렇기에 스트레스로부터 자유로워지기 위해 음악과 함께 마음에 쉼표 하나를 찍는 노력이 필요한 시점이다.

장점을 본받아 퍼뜨리다

子與人歌而善 必使反之 而後和之
자(이)여인가이선(이어든) 필사반지(하시고) 이후화지(라시다)
술이(述而)

자(子)이 여인가이선(與人歌而善)이어든 필사반지(必使反之)하시고 이후
화지(而後和之)러시다는 구절의 해석보다 의미를 짚어보는 게 공자의 말씀을
더욱 잘 이해하는 방법일 듯하다. 자여인가(子與人歌)는 공자는 다른 이와 같
이 노래를 부를 때, 필사반지(必使反之)는 반드시 그로 하여금 반복케 하고,
이후화지(而後和之)는 그런 다음에 다시 함께 불렀다로 풀이할 수 있다.

다른 이와 함께 노래를 부를 때 '잘 하는 이로 하여금 불러보게 한다' 는 의
미는 장점을 드러낼 수 있도록 하는 것이며 '그런 다음에 다시 함께 불렀다'
는 잘 하는 이의 장점을 따라한다는 의미를 담고 있다. 즉 어떤 사람이 갖고
있는 장점을 본받아 여러 사람이 함께 나눠가지도록 하였다는 의미이다.

장점을 본받는다는 말이 당연한 것 같지만 그리 쉽지는 않은 일이다. 우리
마음 한구석에는 질투 하나가 살고 있어 다른 이의 장점을 애써 무시하려는
경향이 있기 때문이다. 그러나 다른 이의 장점을 취해 내 것으로 만든다면 그
장점은 그 사람의 것이 아니라 내 것이 된다. 다른 이의 장점을 유념해서 봐
야 하는 까닭이다.

사람을 성장시키는 시와 예절, 그리고 음악

興於詩 立於禮 成於樂
홍어시(하며) 입어례(하며) 성어악(이니라)

태백(泰伯)

공자께서는 제자들에게 학문만을 가르치지 않으셨다. 학문만큼이나 시(詩)와 예(禮)와 악(樂)을 강조하셨다.

이런 공자의 생각이 드러나는 구절이 홍어시(興於詩)하며 입어례(立於禮)하며 성어악(成於樂)이니라이다. 홍어시(興於詩)는 시를 공부하여 감흥을 돋아올린다로 풀이할 수 있다. 시에는 사람의 이성과 감정이 그대로 드러나 있다. 그런데 사람의 이상과 감정은 앎이 있어야 생기고 더 깊어질 수 있다. 즉 시를 배움으로써 더욱 배우고자 하는 열망이 생기기에 시를 통해 감흥을 돋아올린다고 표현하신 것이다. 그 다음으로 입어례(立於禮)는 예를 실천하여 언행이나 몸가짐을 바르게 세운다는 의미를 담고 있다. 아무리 배움이 많은 사람도 예가 없으면 바로 설 수 없기에 예를 배워 몸가짐을 바로 세워야 한다고 강조하신 것이다. 마지막으로 성어악(成於樂)은 음악으로 성정을 바르게 하고 모든 사람이 조화를 이룬다는 의미를 담고 있다.

즉 공자께서는 시를 통해 배우고자 하는 열망을 기르고, 예를 통해 몸가짐을 바르게 하며, 음악을 통해 사람이 조화를 이루며 살 수 있도록 하는 까닭에 시와 예와 음악을 강조하신 것이다.

먹고 사는 문제에 밀려 시와 음악과 예절이 별 것 아닌 것으로 치부되는 지금, 공자님의 말씀이 씁쓸하게 들린다.

247

제자리를 찾을 수 있도록

吾自衛反魯 然後樂正 雅頌 各得其所
오자위반로 연후(에)악정(하야) 아송(이) 각득기소(하니라)
자한(子罕)

공자의 노년은 요즘말로 다사다난했다. 살아 있는 성인(聖人)으로 추앙받았으나 노년시절 정착할 곳을 찾지 못해 이 나라 저 나라를 떠돌아야 했다는 사실이 애처롭기도 하다. 13년간 여러 나라를 떠돌아야 했던 공자께서 노나라에 정착한 것이 그의 나이 68세였다.

그러나 세상 모든 일에는 나쁜 점과 좋은 점이 함께 공존한다. 적어도 공자께서 13년간 각 나라를 유랑한 것은 아송(雅頌)에게는 득이 되었다. 아(雅)는 주(周)나라 왕실이나 귀족들이 향연에서 연주하던 악곡이었다. 송(頌)은 종묘에서 제사를 지낼 때 사용하는 무악이었다. 각 나라를 떠돌아다니던 공자께서 아송을 들었는데, 본래의 것보다 매우 손상되고 절차도 이상했다. 이에 공자는 여러 나라를 다니는 자신의 상황을 이용했다. 각 나라에 퍼져 있는 아송을 비교해서 들은 후 올바른 소리를 찾아낸 것이다. 결국 노나라에 정착을 한 공자께서는 여러 나라에서 들었던 아송을 바로 잡는 작업을 하였다.

바로 이 내용을 말한 구절이 오자위반로(吾自衛反魯) 연후악정(然後樂正)하야 아송(雅頌)이 각득기소(各得其所)하니라이다. 풀이하면 '내가 위나라에서 노나라로 돌아온 후 음악이 바로 잡혔고 아송도 바르게 되었다' 이다.

어려운 상황 속에서도 의로운 일을 행한 공자의 모습에서 그가 성인으로 추앙받는 이유가 읽힌다.

공자의 사랑법

唐棣之華 偏其反而 豈不爾思 室是遠而
당체지화(여) 편기반이(로다) 기불이사(리요마는) 실시원이(니라)
자한(子罕)

사랑을 하는 방식은 저마다 다르다. 주위를 빙빙 돌며 잘해주지만 좋다는 말을 표현하지 못 하는 사람이 있고, 불같이 다가가 사랑을 고백하는 사람이 있다. 매순간 옳은 말만 하는 공자의 사랑법은 어떠했을까? 어림짐작해볼 수 있는 구절이 있어 소개한다.

당체지화(唐棣之華)여 편기반이(偏其反而)로다 기불이사(豈不爾思)리요 마는 실시원이(室是遠而)니라를 풀이하면 슬쩍 웃음이 난다. '당체꽃이 이리 저리 흔들리는 것을 보며 어찌 그대 생각을 안 하겠는가. 하지만 그대의 집이 너무 멀기만 하구나' 로 풀이할 수 있기 때문이다.

이 구절은 공자의 제자인 자한이 당체꽃을 보며 지은 시이다. 당체꽃은 산 앵두꽃의 일종으로 봄날에 피는 꽃이다. 한들한들 봄바람이 불고 꽃이 진 것을 보며 누군가를 그리워하면서 지은 시인 것이다.

그런데 그 시를 본 공자의 대답이 걸작이다. 자왈(子曰) 미사지야(未思之 也)이언정 부하원지유(夫何遠之有)리오라면서 '진정으로 생각하는 것이 아니구나. 진정이라면 어찌 그 집이 멀다고 생각하겠느냐?' 라고 말하였다.

즉 진정으로 임 생각이 난다면 얼른 그 집으로 가라는 말이다. 이 얼마나 저돌적인 사랑법인가! 사랑하는 이가 있다면 달려가 고백하자. 이 아름다운 날을 함께 보내자고 말이다.

믿음으로 친구를 사귀고 있는가

與朋友交而不信乎
여붕우교이불신호(아)
학이(學而)

친구의 인디어식 이름은 '내 슬픔을 자기 등에 메고 가는 자'이다. 참 절절한 표현이다. 기쁨을 함께 나누는 것은 쉽지만, 슬픔을 함께 나누는 것은 어렵기에 내 슬픔을 자기 등에 메었다는 표현에서는 가슴 한편이 따뜻해지기도 한다.

그런데 부끄러운 말이지만 사회에 진출해 저마다 각자의 삶을 꾸리고 난 후에는 친구의 의미가 달라지는 것 같다. 사회에 진출하기 전까지는 아무 목적 없이 친구를 만나는 게 가능했지만, 사회에 진출해 각자의 일을 하면서는 시간적인 여유도 없거니와 이런저런 목적으로 친구를 만나는 게 사실인 까닭이다.

그런 의미에서 증자(曾子)가 날마다 세 가지에 대해 반성한다는 의미로 말한 일일삼성(日日三省) 가운데 여붕우교이불신호(與朋友交而不信乎)는 우리에게 생각할 꺼리를 남겨준다. '친구와 교제하면서 신의를 저버리지 않았는가?'라고 물으면서 이에 대한 대답을 요구하고 있기 때문이다.

핸드폰에 '친구'라는 목록으로 저장되어 있는 사람들의 이름을 살펴보자. 그 가운데 신의를 저버린 적이 있다면 이번 기회에 문자 한 통이라도 보내보는 건 어떨까? 미안함을 전하는 게 쑥스럽다면 오랜만에 안부문자를 보내 가슴 따뜻한 친구가 곁에 있음을 알려줌이 어떨까?

벤치마킹도 답이다

樂則韶舞 放鄭聲 遠佞人 鄭聲淫 佞人殆
악칙소무(요) 방정성(하며) 원녕인(이니) 정성(은)음(하고) 영인(은)태(니라)
위령공(衛靈公)

이 구절은 안연이 공자께 나라를 다스리는 법에 대해 물은 답이다. 안연의 질문에 대해 공자께서는 먼저 행사지시(行夏之時)하며 승은지로(乘殷之輅)하며 복주지면(服周之冕)하며를 말씀하셨다. 풀이하면 하나라의 역법을 쓰고, 은나라의 수레를 타고, 주나라의 면류관을 쓰라는 의미이다. 하나라의 역법은 농사를 짓는데 이로운 점이 많았고, 은나라의 수레는 나무로 만들어져 있어 튼튼하며, 주나라의 면류관은 화려하지만 사치스럽지 않다는 장점이 있었다. 각 나라의 장점을 받아들여 배우라는 요즘말로 벤치마킹하라는 의미를 담고 있다. 장점뿐 아니라 단점은 단호히 배우지 말라는 말씀도 하셨다.

이러한 뜻을 담고 있는 것이 바로 악칙소무(樂則韶舞)요 방정성(放鄭聲)하며 원녕인(遠佞人)이니 정성음(鄭聲淫)하고 영인태(佞人殆)니라이다. 이 말을 풀이하면 음악은 소무를 기준으로 한다. 정나라의 음악은 추방하고 아첨하는 자들은 멀리하라. 정나라의 음악은 음탕하고 아첨하는 자는 나라를 위태롭게 하기 때문이다.

즉 음악과 춤을 겸한 소무를 택하되 정나라의 음악은 음탕하므로 추방하라고 하였다. 마지막으로 아첨하는 사람도 추방하라고 말씀하셨다.

요즘 시대에 지혜를 구하는 방법인 벤치마킹을 공자께서는 2500년 전에 주장하셨다니 놀랍기만 하다.

부모님을 기리는 마음

女安則爲之 夫君子之居喪 食旨不甘 聞樂不樂
여(이)안즉위지(하라) 부군자지거상(에) 식지불감(하며) 문안불락(하며)
居處不安 故不爲也 今女安則爲之
거처불안 고(로)불위야(하니라) 금여안즉위지(하라)
양화(陽貨)

　　이 구절은 재아와 공자가 나눈 대화 가운데 한 구절이다. 공자의 제자인 재아가 삼년상은 너무 길다고 말한 것이 발단이 되었다. 이 말을 들은 공자가 재아에게 식부도(食夫稻)하며 의부금(衣夫錦)이 어여안호(於女安乎) 왈(曰) 안(安)하이다 라고 물었다. '일년만 하고 쌀밥과 비단옷을 입으면 네 마음이 편하겠느냐?' 라고 묻자 재아가 '편합니다' 라고 답했다.

　　이에 공자가 한 말이 여안즉위지(女安則爲之)하라 부군자지거상(夫君子之居喪)에 식지불감(食旨不甘)하며 문안불락(聞樂不樂)하며 거처불안(居處不安) 고불위야(故不爲也) 금여안즉위지(今女安則爲之)하라였다. '네 마음이 편하다면 그렇게 해라. 본래 군자가 상중에 있으면 맛있는 음식을 먹어도 맛있지 않으며 음악을 들어도 즐겁지 않고 거처하는 것이 편안하지 않아서 그렇게 하는 것이다. 그러나 네 마음이 편안하다면 그렇게 해라' 로 정리할 수 있다.

　　공자 입장에서는 철없는 제자의 말로 들렸을 것이다. 공자가 삼년을 말한 까닭은 시간의 개념보다 그 시간 동안 부모님의 사랑과 감사를 돌아보는 시간을 의미한 것인데, 재아는 삼년이라는 물리적인 시간에 초점을 맞추었기 때문이었다. 부모님을 떠나보낸 후 부모님의 사랑과 감사를 기리는 건 시간이 아니라 마음에 있음을 재아는 깨닫지 못 하고 있었던 듯싶다.

진심을 다해 슬퍼해야

子遊曰 喪致乎哀而止
자유왈 상(은)치호애이지(니라)
자장(子張)

논어에는 상례에 관한 이야기가 자주 언급되고 있다. 공자가 생활했던 2500년 전은 예가 하나의 정신으로 자리 잡고 있던 시기였기에 상례를 경건하게 치르는 것을 예의 으뜸으로 여겼던 듯싶다.

자유왈(子遊曰) 치호애이지(喪致乎哀而止)니라 역시 상례는 진심으로 슬픔을 다해야 한다는 뜻을 담고 있다.

우리 사는 세상이 변하면서 논어에서 강조하는 것들을 다 행하면서 살 수는 없다. 그러나 다른 것은 다 간소해져도 상례에 대한 마음가짐만은 변하지 말아야 하지 않을까? 텔레비전 광고에 등장하는 상조회사 광고를 볼 때면 혹 우리가 장례를 치르는 일을 번거로운 일로 여겨 그것을 흥정을 통해 쉽게, 간편하게 처리해야 하는 일로 치부하고 있는 건 아닌지 의심스러운 마음이 들기도 한다.

바쁘게 돌아가는 세상에서 삼년상을 치를 수는 없다. 그러나 장례를 치르는 동안만이라도 경건하게 예를 다하고, 부모님이 주는 사랑에 대해 돌아보는 시간을 갖는 게 옳다. 그것 또한 자식에게 본이 되는 행동임을 유념해야 할 것이다.

論語

제12장 [예와 덕의 길]

서로 예의를 갖추며

다른 사람과 일을 도모할 때 정성을 다하였는가

爲人謀而不忠乎
위인모이불충호(아)
학이(學而)

여성의 사회참여가 늘어나면서 집안일을 누가 할 것이냐에 대한 개념도 변화되고 있다. 남성과 여성이 함께 사회활동을 하는 이상 여성 혼자 집안일을 감당하기에는 한계가 있기 때문이다.

그런데 희한한 게 생각과 행동에는 괴리가 있다는 점이다. 많은 남성이 집안일을 함께 해야 한다고 생각하지만, 실제 행동에는 차이가 있다. 주변에서 심심치 않게 가사일로 다투었다는 얘기가 들려오는 걸 보면 말이다.

혹시라도 가사문제로 다툼이 있는 사람들에게 들려주면 좋은 구절이 위인모이불충호(爲人謀而不忠乎)아이다. 이 말을 풀이하면 다른 사람과 일을 도모할 때 정성을 다하였는가이다.

머리로 생각은 하지만 실제로 행동을 할 때는 정성을 다하지 않는 경우가 많으니 부끄러운 말이다.

가사일 뿐만 아니라 사회생활을 하고, 여러 사람과 함께 협업을 하는 경우에도 '다른 사람과 일을 할 때 정성을 다하고 있는가?'는 가슴속에 새겨야 하는 문구이다. 사람과 어깨를 나란히 하고 사는 이상, 사람과의 관계는 항상 마음에 품고 조심해야 하는 일이다.

과실이 있으면 고쳐야

過則勿憚改
과즉물탄개(니라)
학이(學而)

부모가 아이를 키울 때 가장 놀라는 순간이 아이가 부모의 행동과 똑같은 행동을 할 때라고 한다. 좋은 모습만 따라하면 좋겠지만, 냉장고 문을 제대로 안 닫는다던가, 사용한 물건을 제자리에 갖다 놓지 않는 것처럼 자신도 싫어 하는 행동을 아이가 그대로 할 때면 놀라움을 넘어 무섭기까지 하다. 특히 부모의 좋지 않은 언어습관을 따라할 때면 아이 앞에서 바른 말을 사용하지 않는 자신에 대한 후회가 썰물처럼 밀려온다고 한다.

좋지 않은 언어습관처럼 습관의 문제로만 끝난다면 좋겠지만, 이는 단순히 습관의 문제로만 끝나지 않는다. 폭력성향을 갖고 있는 사람의 경우, 어릴 때의 작은 폭력습관부터 다스려야 어른이 되었을 때 큰 폭력성향을 갖고 있는 걸 막을 수 있는 까닭이다. 그러므로 잘못된 행동을 인지했을 때는 바로 인정하고 고쳐야 한다. 그래야 비로소 성장하는 사람으로 세상에 나아갈 수 있다.

뻔히 잘못을 알고 있지만, 이런저런 이유로 잘못을 고치지 못 하는 사람들에게 과실이 있으면 즉시 고쳐야 한다〔過則勿憚改〕가 세상 어떤 말보다 무겁게 들리기를 바란다.

남을 공경하되 예에 맞아야

恭近於禮 遠恥辱也
공근어례 원치욕야(이며)
학이(學而)

공자께서는 누구보다 예를 중시하셨던 분이다. 그래서 논어에서는 공자께서 다른 사람을 공경하라고 하신 말씀을 여러 번 볼 수 있다. 그러나 공자께서 말씀하신 다른 이를 공경하는 행동이 무조건적인 공경만을 의미한다고 생각한다면 오산이다.

공자께서는 공근어례(恭近於禮) 원치욕야(遠恥辱也)를 통해 남을 공경하되 예에 맞게 해야 한다. 그래야 치욕에서 멀어진다고 말씀하셨다.

우리는 남을 공경하되 예에 맞지 않게 공경하는 경우를 종종 보게 된다. 예를 들면 직장상사에게 도에 지나치게 아부하는 행동은 저절로 눈살을 찌푸리게 한다. 물론 직장상사의 지시는 부하직원으로서 받들어야 하는 것이 당연하지만 그것이 도에 지나칠 경우 동료로부터 아부를 한다는 비난을 면치 못 한다. 바로 이런 까닭에 공자께서는 예에 어긋난 공경은 치욕을 부른다고 경고하고 계신 것이다.

즉 공자께서는 남을 공경하되 그것이 예에 맞는 행동인지를 판단해서 절도 있게 행동하라고 말씀하신 것이다.

지나친 것은 모자란 것만 못 하다는 말이 떠오르는 구절이다.

덕으로 다스리면 북극성과 같으니

子曰 爲政以德 譬女北辰 居其所 而衆星共之
자왈 위정이덕 비여북신(이라) 거기소(하되) 이중성공지(나라)
위정(爲政)

　지도자가 갖고 있어야 하는 자질에는 어떤 것이 있을까? 추진력, 리더십, 전문성 등 많은 것들이 있겠지만 그 가운데 가장 으뜸으로 치는 것이 덕(德)이다. 뛰어난 지도자라고 해도 구성원들을 덕으로 끌어안지 못 하면 끊임없이 불협화음이 날 수밖에 없다.

　그런 의미에서 정치를 하는 사람들은 마땅히 덕으로서 사회를 이끌어야 한다. 소통하고 설득하는 자세로 다가가 각자 자신의 목소리를 내는 사람들을 하나로 묶어야 한다. 그래야 공동체가 바로 서고, 더 의미 있는 세상으로 발전할 수 있다.

　그렇기에 지금 우리 사회의 모습은 아쉽기만 하다. 하루가 멀다하게 들려오는 시끄러운 뉴스들을 듣고 있노라면 지도자가 덕이 아니라 사사로움에 이끈 결과를 목격하고 있는 것만 같다.

　자왈(子曰) 위정이덕(爲政以德) 비여북신(譬女北辰)이라 거기소(居其所)하되 이중성공지(而衆星共之)나라는 지도자들에게 들려주면 좋은 글귀이다. 이 구절을 풀이하면 덕으로 정치를 한다는 것은 북극성과 같은 것이다. 제자리에 있을 뿐이지만 모든 별이 북극성을 따르게 된다는 의미를 담고 있다.

　덕으로 정치를 하면 북극성이 제자리에 머물러 있기만 해도 자연스럽게 그것을 따르는 별처럼 따르게 될 것이라는 말이 더욱 귀하게 들린다.

259

예의와 아첨

子曰 事君盡禮 人以爲諂也

자왈 사군진례(를) 인(이)이위첨야(이로다)

팔일(八佾)

자왈(子曰) 사군진례(事君盡禮)를 인(人) 이위첨야(以爲諂也)이로다라는 말은 공자의 답답함이 읽히는 구절이다. 이 말을 풀이하면 임금을 섬김에 있어 예를 다하는 것을 다른 사람들은 아첨을 한다고 생각한다는 말이다.

예의와 아첨을 구분하는 것은 쉽지 않다. 내가 하는 것은 예의요, 남이 하는 것은 아첨처럼 보일 수 있는 까닭이다.

이에 딱 맞는 예가 '각하' 라는 표현이다. '각하' 는 초대 대통령부터 군사독재정권 시절까지 대통령을 지칭하는 존칭이었다. 그러나 최근에는 군사독재정권 시절 무소불위의 권력을 휘두른 모습이 연상된다는 이유로 사라진 말이 되었다. 하지만 신문기사나 뉴스를 보면 몇몇 사람들에 의해 아직도 '각하' 라는 표현이 사용됨을 알 수 있다.

'각하' 라는 존칭을 둘러싼 예가 바로 공자의 답답함과 겹쳐지는 부분일 것이다. 그 말을 사용하는 사람 입장에서는 대통령에 대한 예의라고 생각할 테고, 그 말을 사용하지 않는 이들에게는 지나치게 대통령을 받들려는 자세로 보일 수 있으리라.

예의인지 아첨인지를 다른 사람이 판단할 수는 없다. 공자의 말씀처럼 스스로의 의도와 다른 점도 있을 테니 말이다. 그것이 예의인지 아첨인지 자신을 속일 수는 없을 터, 자신의 마음을 들여다보는 눈이 필요하다.

넘치는 것은 모자란 것만 못 하다

子曰 恭而無禮則勞 愼而無禮則葸 勇而無禮則亂 直而無禮則絞
자왈 공이무례즉로(하고) 신이무례즉사(하고) 용이무례즉란(하고) 직이무례즉교(니라)
태백(泰伯)

결과가 곧 가치가 되는 세상을 살면서 예의를 강조하는 건 시대의 흐름에 뒤떨어지는 얘기로 들릴지도 모르겠다. 예의는 과정에서만 필요한 태도라고 여겨질 수도 있을 테니 말이다. 그러나 예의가 과정에서만 필요한 것일까?

이에 대해서 공자께서는 예의가 태도에만 국한되는 건 아니라고 말씀하셨다.

바로 공이무례즉로(恭而無禮則勞)하고 신이무례즉사(愼而無禮則葸)하고 용이무례즉란(勇而無禮則亂)하고 직이무례즉교(直而無禮則絞)니라에서 말이다. 이 말은 공손하되 예가 없으면 헛수고만 하게 된다〔恭而無禮則勞〕. 신중하되 예가 따르지 않으면 두려워지게 된다〔愼而無禮則葸〕. 용감하되 예가 따르지 않으면 난폭해진다〔勇而無禮則亂〕. 강직하되 예가 따르지 않으면 엄해지기만 한다〔直而無禮則絞〕는 의미를 담고 있다.

공손한 사람도, 신중한 사람도, 용감한 사람도, 강직한 사람이라 할지라도 예가 따르지 않는다면 자신은 물론 다른 사람에게 불편함을 줄 수 있다는 것이다. 본인은 추호도 그럴 마음이 없었다고 할지라도 때로 공손이 넘치고, 신중이 넘쳐도 예에 어긋나게 된다는 것이다.

결국 넘치는 것은 모자란 것만 못하다는 말씀이니, 옳다 생각하는 행동이라도 예의에 맞는 행동인지 돌아보는 자세가 필요하다.

교만한 사람은 더 볼 것도 없다

子曰 如有周公之才之美 使驕且吝 其餘不足觀也已
자왈 여유주공지재지미(로) 사교차린(이면) 기여부족관야이(니라)

자왈(子曰) 여유주공지재지미(如有周公之才之美)로 사교차린(使驕且吝)이면 기여부족관야이(其餘不足觀也已)니라는 주공과 같은 재주와 아름다움이 있을지라도 만일 교만하고 인색하다면 그 나머지는 볼 것도 없다는 말로 풀이할 수 있다.

이 구절의 의미를 정확하게 이해하려면 공자께서 재주와 아름다움이 있다고 말씀하신 주공(周公)이 어떤 사람인지를 파악해야 한다.

주공은 주(周)나라의 정치가로 문왕의 아들이자 무왕의 동생이었다. 주나라의 기초를 확립한 사람으로 예악과 법도를 제정해 유교학자들에 의해 성인으로 존중받고 있는 인물이다. 공자 역시 주공에 대한 존경심이 매우 깊었다.

그러나 아무리 주공처럼 재주 많고 아름다움이 있는 사람이라 할지라도 교만하고 인색하다면 더 볼 것도 없다는 말에서 공자가 얼마나 교만하고 인색한 사람을 싫어했는지에 대한 답을 구할 수 있다.

겸손이 없이 교만하면 다른 사람에게 해를 입힐 것이요, 인색하다면 다른 사람에 대한 배려가 그만큼 부족하다는 것이니 더 볼 것도 없다는 말이다.

이성을 좋아하는 것처럼 덕을 좋아라

子曰 吾未見好德 如好色子也
자왈 오미견호덕(을) 여호색자야(케라)
자한(子罕)

행복의 가장 첫 번째 조건은 사랑이다. 돈과 명예가 아무리 많아도 곁에 사랑하는 사람이 없다면 그 행복감은 오래 가지 못 한다. 그러나 돈과 명예가 부족할지라도 곁에 사랑하는 사람이 있다면 행복할 수 있다. 이것이 사랑이 갖고 있는 위대한 힘이다.

그래서 사람은 끊임없이 사랑을 추구한다. 그릇된 방향으로 발현되어 배우자가 있는 사람이 다른 사람에게 눈을 돌리기도 하지만, 그만큼 사람은 사랑에 있어 맹목적이다.

공자께서도 사랑에 빠진 사람들을 많이 보셨던 듯하다.

오미견호덕(吾未見好德)을 여호색자야(如好色子也)케라는 말씀을 하신 걸 보면, 이 말을 풀이하면 나는 덕 좋아하기를 여자 좋아하듯이 하는 사람을 아직 본 적이 없다는 말씀이다.

이성을 좋아하는 만큼 덕을 좋아하는 사람이 없다는 걸 비켜 표현하신 이 말씀을 보면 슬쩍 웃음이 난다. 여자를 좋아하는 것만큼 덕을 좋아하면 평온한 세상에서 살 수 있으리라는 공자의 아쉬움이 가득 담겨 있지 않은가.

그러나 공자께서는 노할 말씀이지만 이성을 좋아하는 것도 나쁘게만 보이지는 않는다. 사랑이 가득한 세상이 주는 아름다움도 분명 있을 테니 말이다.

263

공자는 웰빙의 선구자

割不正不食 不得其醬不食
할부정(이어든)불식(하시며) 부득기장(이어든)불식(이러시다)
향당(鄕黨)

십여 년 전부터 불던 웰빙(Well-Being) 바람이 이제는 자연스럽게 자리를 잡았다. 그 가운데서도 좋은 먹거리를 먹자는 음식의 진화는 유기농 상차림, 슬로푸드 등으로 행보를 넓혀가고 있다. 먹거리에 대한 관심은 내가 먹은 음식이 나를 만든다는 생각에서 이뤄졌다.

그런데 공자께서는 시대를 앞서 살아가셨던 분이 분명하다. 우리는 불과 십여 년 전부터 시작된 웰빙을 공자께서는 2500년 전부터 하셨으니, 시대를 앞서도 한참을 앞서 사셨다. 공자의 식습관은 지금 말하는 웰빙 먹거리와 정확히 맞아 떨어진다. 밥이 상하여 쉰 것, 생선이 상하고 고기가 부패한 것을 먹지 않았으며, 빛깔이 나쁜 것을 먹지 않았으며, 냄새가 나쁜 것은 먹지 않았으며, 익히지 않은 것을 먹지 않았으며, 제철이 아닌 것을 먹지 않으셨다.

할부정(割不正) 불식(不食)하시며 부득기장(不得其醬) 불식(不食)이러시다를 풀이하면 바르게 자른 것이 아니면 먹지 않으셨고 간이 맞지 않으면 먹지 않으셨다로 풀이할 수 있다. 정말 깐깐한 식습관이다.

하지만 이런 노력이 나의 마음과 몸의 건강을 위한 것이었음을 생각할 때 지금보다 더 깐깐한 잣대를 들이대는 것도 괜찮을 것 같다. 건강한 몸이 건강한 사회를 만드는 법이니까.

부정한 자리에는 앉지도 마라

석부정(席不正)이어든 부좌(不坐)러시다는 한자의 뜻을 풀이하면 자리가 바르지 않으면 앉지 않으셨다이다.

이 말은 두 가지 의미로 해석이 가능하다. 첫 번째는 자리가 정돈되어 있지 않으면 앉지 않으셨다는 의미이다. 두 번째는 부정한 자리, 즉 자신에게 맞지 않는 지위나 위치의 자리에는 앉지 않으셨다고 해석할 수 있다.

한문으로만 본다면 자리가 정돈되어 있지 않으면 자리에 앉지 않으셨다로 이해하는 게 맞는 듯하지만, 지금 우리가 사는 시대는 공자께서 살던 시기와는 다르기에 논어의 구절을 현대적인 관점에서 재해석하는 것도 의미가 있다.

그런 점에서 봤을 때 공자의 이 말씀은 부정한 자리, 즉 자신에게 맞지 않는 지위나 위치의 자리에는 앉지 않는다로 풀이하는 게 적합할 듯하다. 인사 청탁이나 누군가에게 소개를 부탁해 자신의 그릇과는 맞지 않는 자리를 탐하려는 사람들이 왕왕 있기 때문이다.

몸에 맞지 않는 옷이 불편한 것처럼 능력에 맞지 않는 자리 역시 불편함만 쌓이게 한다. 옳지 않은 자리를 탐하려는 것보다 나에게 맞는 자리에서 능력을 발휘하는 것, 그것이 한 세상 잘 사는 방법이다.

세상의 가장 중심은 사람

廏焚 子 退朝曰 傷人乎 不問馬
구분(이어늘) 자(이) 퇴조왈 상인호(아하시고) 불문마(하시다)
향당(鄕黨)

몇 년 전부터 우리나라 기업체가 우리나라를 떠나고 있다. 우리나라 근로 자들의 인건비가 높다는 이유로 인건비가 싼 동남아시아에 공장을 짓고 그곳을 생산거점으로 만들고 있다.

대기업의 입장에서는 원가절감을 위한 일이라고 하겠지만, 가뜩이나 일자리 부족에 허덕이는 상황에서 근로자들의 고용불안을 야기하는 형태는 비난받아 마땅하다. 한 사람이 고용되어 일을 한다는 것은 가족의 생계를 부양하는 자금이 된다는 점에서 생산성의 문제로만 접근해서는 안 되기 때문이다.

우리나라를 떠나 해외에 공장을 짓는 경영자들에게 들려주고 싶은 글귀가 구분(廏焚)이어늘 자(子)이 퇴조왈(退朝曰) 상인호(傷人乎)아하시고 불문마(不問馬)하시다이다. 이 구절을 풀이하면 '마굿간이 불에 탔다. 공자가 퇴청하여 사람이 다쳤느냐고 물으실 뿐 말에 대해서는 묻지 않으셨다'이다

공자께서 생존하시던 당시에는 말[馬]이 곧 재산이던 시대였다. 마굿간에 불이 났다는 것은 말의 생존이 좌우되는 중대문제였지만, 공자는 인명피해 여부를 물을 뿐, 다른 것은 묻지 않으셨다. 어떤 순간에도 가장 중심에 사람을 두셨다는 것을 알게 하는 글귀이다.

세상이 좋아진다는 건 사람이 살기 좋아진다는 의미라는 걸 기억하자.

사람을 믿어라

未能事人 焉能事鬼
미능사인(이면) 언능사귀(리오)

선진(先進)

거리를 걷다보면 종종 '도를 아십니까?' 라면서 다가오는 이들을 만나게 된다. 몇 년째 '도를 아십니까?' 라면서 다가오던 사람들이 얼마 전부터는 수법을 바꾸었다. 낯선 사람에 대해 경계심을 풀기 위해 '거기를 가려면 어떻게 가야 하나요?' 라고 물어오지만, 그건 말머리를 트기 위한 방법일 뿐 결국에는 '도를 아십니까?' 로 연결된다.

정통의 가르침에 어긋나는 교의나 교파를 믿는 이단(異端)이 기승을 부리는 까닭은 무엇일까? 첫 번째 이유는 산다는 게 불안하기 때문이다. 삶은 내일을 담보할 수 없기에 불안하다. 잘 나가던 사람이 고꾸라질 수도, 불의의 사고를 당할 수도 있다.

사람들이 갖고 있는 불안감을 자극해 자신들의 교파로 끌어들이는 이들이 이단이다. 그러나 이단에 심취했던 이들에게 돌아오는 것은 경제적·정신적인 손해뿐이다.

그렇다면 불안감을 없애기 위해서는 어떻게 살아야 할까? 사람을 믿어야한다. 스스로를 믿고 가족을 믿고 주변 사람들을 믿어야 한다. 삶에 흔들려 넘어졌을 때 일으켜 세워줄 수 있는 건 자신과 주변 사람들 밖에 없다.

사람도 제대로 섬기지 못하는데〔未能事人〕어찌 귀신을 섬길 수 있겠느냐〔焉能事鬼〕라는 공자님 말씀이 더욱 의미 있게 다가온다.

죽음에 대한 단상

感問死 曰 未知生 焉知死
감문사(하노이다) 왈 미지생(이면) 언지사(리오)

선진(先進)

　　노처녀의 '시집가기 싫다', 장사꾼의 '남는 게 없다', 노인의 '얼른 죽어
야지'를 일컬어 세상의 3대 거짓말이라고 한다. 3대 거짓말 가운데 아마도
가장 진심이 담긴 거짓말이 노인의 '얼른 죽어야지'가 아닐까?

　　평균수명이 늘어나고 의학이 발달하고 있지만, 사람들이 갖고 있는 삶에
대한 집착은 놀랄 만큼 강하다. 삶에 대한 집착을 확인할 수 있는 예가 최근
들어 사람들에게 늘어나고 있는 '건강염려증'이다. 건강염려증은 자신이 심
각한 질병에 걸렸다는 믿음이나 질병에 걸릴 수 있는 공포에 사로 잡혀서 건
강에 비정상적으로 집착하는 질병을 뜻한다. 병원에 가서 검사를 해보면 아
무런 증상이 발견되지 않는데, 이들은 자신이 심각한 병에 걸렸다면서 이 병
원, 저 병원을 떠돌아다닌다.

　　그렇다면 왜 이처럼 건강을 염려하고, 삶에 집착하는 걸까? 그건 죽음이
어떤 것인지 짐작조차 안 되기 때문이다. 누구도 가보지 않은 길이기에 공포
스럽게 다가오는 것이리라.

　　공자의 제자 자로 역시 죽음이 어떤 것인지 궁금했던 듯싶다.

　　자로가 공자께 죽음에 대해 물었을 때 공자의 답은 이렇다. '삶에 대해서
도 잘 모르는 데[未知生] 어떻게 죽음에 대해 알겠느냐[焉知死]'.

　　그야말로 우문현답(愚問賢答)이다.

이기심을 버리고 하늘의 뜻을 생각한다

克己復禮 爲仁
극기복례(이) 위인(이니)
안연(顔淵)

종종 음식점에서 눈살을 찌푸리게 하는 광경을 보게 된다. 주변 상황에 아랑곳하지 않고 뛰어다니거나 큰 소리로 떠드는 아이들을 보게 되는 탓이다. 그런데 참 희한하게도 많은 사람들이 모여 있는 음식점임에도 부모들은 아이의 행동에 무감각하다. 부모에게는 자식의 시끄러운 소음도 즐거운 음악으로 들리는 걸까?

누군가 참지 못 하고 아이를 제재하면 '아이의 기를 죽이지 말라' 고 오히려 야단이다. 아무리 세상에 둘도 없는 금쪽같은 자식이라지만 자신만 생각하는 이기적인 행동임이 분명하다. 그렇다면 왜 많은 부모들이 이런 행동을 하는 걸까?

모든 걸 나를 중심으로 생각하기 때문이다. 내가 좋은 것, 내가 편한 것만 생각하는 이기심이 다른 사람을 배려하는 예의를 망각하게 만드는 것이다.

이런 이들에게 필요한 생각이 극기복례(克己復禮)이다. 나의 이기적인 마음을 극복하고 천리로 돌아가라는 뜻을 담고 있는 이 말은 세상의 중심은 나라고 생각하는 요즘 세태에 꼭 필요한 말이다.

나를 중심으로, 내가 좋은 대로 하고 싶은 이기심이야 누구에게는 없겠냐마는 혼자 사는 세상이 아니기에 예절과 공중도덕에 맞게 행동을 조심해야 한다.

진심으로 예가 아니면

非禮勿視 非禮勿聽 非禮勿言 非禮勿動
비례물시(하고) 비례물청(하며) 비례물언(하고) 비례물동(하라)
안연(顔淵)

이 구절은 안연이 공자께 인(仁)을 실천할 수 있는 방법을 자세히 알려달라고 하자 공자께서 답을 한 구절이다.

비례물시(非禮勿視)하고 비례물청(非禮勿聽)하며 비례물언(非禮勿言)하고 비례물동(非禮勿動)하라를 풀이하면 '예가 아니면 보지도 말고, 예가 아니면 듣지도 말고, 예가 아니면 말하지도 말고, 예가 아니면 행하지도 마라'는 의미를 담고 있다.

실로 엄청난 말이다. 결국 예에 어긋난다면 보지도 말고 듣지도 말고 말하지도 말고 행동하지도 말라는 의미인데, 과연 그렇게 살 수 있을까?

그런데 곰곰이 생각해보면 공자께서 이렇게 강경하게 말씀하신 까닭을 이해할 수 있다. 우리의 경험치를 떠올려볼 때 어떤 것을 보면 마음이 흔들리고, 들으면 귀가 솔깃해지고, 말로 뱉으면 한발 더 나아가게 되지 않던가?

공자께서는 이처럼 사람이 갖고 있는 '이 정도면 괜찮겠지'라며 타협하는 마음이 생길 것을 우려해 단호하게, 강경하게 말씀하신 것도 있을 게다. 공자님의 말씀처럼 흔들릴 바에는 아예 예가 아니면 취하지 않는 것도 방법이리라.

내가 하기 싫은 일은 남에게도 시키지 마라

己所不欲 勿施於人
기소불욕(을) 물시어인(이니)
안연(顏淵)

직장생활을 하면서 겪는 스트레스 가운데 하나가 다른 사람이 하기 싫은 일을 떠맡게 되는 경우다. 내가 아니라 다른 사람이 업무를 맡아야 하는 게 온당하거늘 이런 저런 핑계로, 아니면 직급이 높다는 이유로 강압적인 지시에 따라야 할 때는 섭섭한 마음을 넘어 억울하기까지 하다.

이럴 때 필요한 게 역지사지(易地思之)가 아닐까 싶다. 내가 하기 싫은 일이면 분명 다른 사람도 하기 싫을 터인데, 그것을 모르면서 시키는 것인지, 아니면 알면서도 시키는 것인지 궁금할 때가 있다.

그렇기에 공자께서 하신 기소불욕(己所不欲)을 물시어인(勿施於人)이니는 자신이 하기 싫은 일을 시키는 직장상사에게 꼭 들려줬으면 하는 말이다. 자신이 하기 싫은 일은 남에게도 하게 해서는 안 된다는 것은 인간이 갖고 있어야 할 인간에 대한 예의가 아닐까?

다른 것은 있더라도 기소불욕(己所不欲) 물시어인(勿施於人)은 꼭 기억하도록 하자.

큰 손님을 뵙듯이 사람을 대하라

子曰 出門如見大賓 使民如承大祭
자왈 출문여견대빈(하며) 사민여승대제(하니라)

안연(顔淵)

이 구절은 공자의 제자인 중궁이 공자께 인(仁)에 관해 묻자 대답한 구절이다. 공자께서는 중궁의 물음에 출문여견대빈(出門如見大賓)하며 사민여승대제(使民如承大祭)하니라라고 답을 하셨다. 이 말을 풀이하면 '문 밖에 나가 사람을 대할 때에는 큰 손님을 만난 것처럼 대하고, 백성들을 부릴 때에는 큰 제사를 받드는 것처럼 하라' 이다.

사람을 만날 때에는 귀한 손님을 만난 것처럼 깍듯하게 대하고 백성들을 다스릴 때에는 마치 큰 제사를 지내는 것처럼 정중하게 하라는 의미다. 인을 실천하기 위한 가장 큰 덕목으로 사람에 대한 공경을 들고 계신 것이다.

현시대를 살면서 사람에 대한 공경을 굳이 인을 실천하기 위한 말로 해석할 필요는 없을 듯하다. 인이라는 어려운 담론이 아니라 하루에도 수없이 만나는 사람들을 정중하게 대하고, 직장 후배나 가족들에게 정중하게 행동하는 건 우리의 행복과도 연결되는 일이니 말이다.

더불어 정중하게 사람을 대하는 것이 인을 실천하는 것이라니, 오늘부터라도 정중하게 사람을 대하는 인을 몸소 실천해 보는 건 어떨까?

임금은 임금답게, 신하는 신하답게

薺景公 問政於孔子 孔子 對曰 君君 臣臣 父父 子子
제경공(이) 문정어공자(한대) 공자 대왈 군군 신신 부부 자자(니이다)

안연(顏淵)

요즘 들어 정치가 무엇인가? 라는 질문을 자주 하곤 한다. 정책에 관한 논의보다 세를 불리기 위한 싸움에 집중하는 정치권의 모습은 정치에 관한 냉소를 더욱 짙게 만들고 있다.

제(薺)나라의 주군이었던 경공(景公) 역시 정치가 무엇인지 궁금했던 듯하다. 공자께 정치가 무엇이냐(問政於孔子)고 물었던 걸 보면 말이다.

이에 대한 공자의 대답은 군군(君君) 신신(臣臣) 부부(父父) 자자(子子)니이라였다. 임금은 임금다워야 하고 신하는 신하다워야 하며 아비는 아비다워야 하고 자식은 자식다워야 한다이다.

결국 임금은 임금답게, 신하는 신하답게, 아버지는 아버지답게, 자식은 자식답게 산다는 것이라는 말이다. 즉 누군가 내가 잘 살도록 만들어 주는 것이 아니라 각자 주어진 자리에서 최선을 다해 살면 그것이 공동체가 되고, 사회가 되어 좋은 세상이 된다는 의미이다.

지금의 관점에서 생각해본다면 내 삶을 누가 바꿔준다고 생각하지 말고, 내가 맡은 자리에서 최선을 다해 사는 것, 그것이 세상이 바로 서는 것이다.

273

명분을 바르게 세워야 한다

子曰 必也正名乎
자왈 필야정명호(인저)
자로(子路)

자로가 공자께 물었다. '위나라의 임금이 선생님을 모셔서 정치를 부탁하면 무엇을 먼저 하시겠습니까?' 그러자 대답한 말이 필야정명호(必也正名乎)이다. 풀이하면 반드시 명분을 바로 잡겠다이다. 그렇다면 왜 공자는 명분을 바로 잡겠다고 한 것일까?

그 해답은 이어진 공자의 말에서 찾을 수 있다.

이름이나 명분이 바로 서지 않으면 말이 순조롭게 전달되지 못 한다[名不正則言不順 言不順則事不成]. 또한 일이 성취되지 않으면 예악이 흥성하지 못 한다[事不成 則禮樂不興]. 예악이 흥성하지 않으면 형벌을 적중시킬 수 없다[禮樂不興 則刑罰不中]. 형벌이 적중하지 않으면 백성들은 손발을 둘 곳을 잃게 된다[刑罰不中 則民無所措手足]

명분은 꼭 국가의 정사를 바로 설 때나 어려운 일을 행할 때만 필요한 것은 아니다. 자녀를 교육할 때도 명분은 중요하다. 자녀에게 어떤 일을 하라고 할 때 무조건적으로 지시하는 것보다 그렇게 해야 하는 이유를 조목조목 설명해주면 아이의 행동이 바뀌는 것과 마찬가지의 이치이다.

자녀나, 부하직원에게도 바른 명분을 제시해주어야 행동이 달라질 수 있다.

예와 덕의 길, 서로 예의를 갖추며

따뜻한 마음을 잃지 않으며

모든 사람을 사랑하라

謹而信 汎愛衆 而親仁
근이신(하며) 범애중(하되) 이친인(이니)
학이(學而)

이 구절은 학이(學而)편에 나오는 제자(弟子)이 입즉효(入則孝)하고 출즉제(出則弟)하니라 다음에 나오는 말이다. 즉 어린 사람은 집안에서는 부모에게 효도를 다하고 밖에 나가서는 연장자에게 공손해야 한다고 말씀하셨다.

근이신(謹而信)하며 범애중(汎愛衆)하되 이친인(而親仁)이니를 통하여 말과 행동을 성실하게 하고 모든 사람을 사랑해야 한다. 특히 인덕이 있는 사람을 섬겨야 한다고 말씀하고 계신다. 그리고 놀랍게도 행유여력(行有餘力)이면 즉이학문(則以學文)이니라를 통해 그 다음에 여력이 있으면 학문을 배워야 한다고 말씀하시는 것이다.

즉 부모에게 효를 다하고 연장자에게 공손해야 하며 말과 행동을 성실하게 하고 모든 사람을 사랑하는 자세는 세상을 살아가는 기본적인 자세이므로 그것을 갖춘 후 학문에 정진해야 한다는 뜻을 강조하고 계신 것이다.

이런 공자의 생각은 인성은 무시한 채 학과공부에 집중하기만 하는 요즘의 세태와는 확연한 차이를 보인다.

요즘은 학과 공부만 잘 하면 인성이 부족해도 흠을 잡지 않는다는 걸 생각해보면 우리가 공자의 말씀과는 괴리가 있는 삶을 살아가고 있는 듯하다.

겉치레만 한다면 안 하느니만 못 하다

子曰 人而不仁 如禮何 人而不仁 如樂何
자왈 인이불인(이면) 여례하(며) 인이불인(이면) 여악하(오)
팔일(八佾)

이 말은 구절의 풀이보다 그 의미를 이해해야 한다.

자왈(子曰) 인이불인(人而不仁)이면 여례하(如禮何)며 인이불인(人而不仁)이면 여악하(如樂何)오는 사람이 어질지 못 하다면 예는 무엇일 것이며 사람이 어질지 못 하면 악은 무엇할 것인가로 풀이할 수 있다.

공자께서는 예와 악을 사람의 마음을 어질게 하기 위해 필요한 것으로 생각하였다. 즉 예와 악이 사람의 마음을 어질게 만드는 도구라고 생각한 것이다. 그러나 마음이 어질지 못 하면서 예와 악으로 겉치레만 한다면 그것은 아무 소용이 없다는 말씀을 하고 계신 것이다.

하지만 공자의 말씀과는 달리 우리는 실생활에서 마음에 없는 예로 겉치레를 하는 경우를 보게 된다. 아마도 가장 대표적인 예가 며느리와 시댁과의 관계일 듯싶다. 사회구조가 핵가족화되면서 이제 며느리와 시부모가 만나는 일은 명절과 경조사 때 말고는 꼽기가 어려워졌다. 명절에도 간소하게 하자는 명분으로 간단하게 하는 일이 부지기수이다. 바로 이런 경우가 마음에 없으면서 겉치레를 한다는 말이 딱 들어맞는 경우이다. 마음에 없이 겉치레만 하는 건 안 하느니만 못 하다.

말은 구슬을 잃어버리는 것처럼

子曰 爲之難 言之得無訒乎
자왈 위지난(하니) 언지득무인호(아)

안연(顏淵)

사람의 행동 가운데 말은 가장 첫 번째 시작점이 된다. 말을 함으로써 뱉은 말에 책임이 따르는 행동이 이어져야 하는 것이다. 그런데 가만히 한 번 따져보자. 우리는 하루에도 얼마나 많은 말을 하는가? 수없이 하는 그 말에 책임을 져야 한다는 사실을 떠올리면 머릿속이 아득해진다. 그 말을 모두 실천한다는 것이 너무 어려운 까닭이다.

자왈(子曰) 위지난(爲之難)하니 언지득무인호(言之得無訒乎)는 공자께서 말을 신중하게 할 것을 강조하신 말씀이다.

인(仁)이 무엇인지 궁금했던 사마우가 '말을 신중하게 하는 것이 곧 인이겠습니까?'라고 물었다. 그러자 공자께서는 '행하기 어려우니 말을 신중하게 안 할 수가 있겠느냐?'라고 대답하셨다.

맞는 말이다. 자신이 한 말을 모두 실천하기란 하늘에 별을 따는 것만큼이나 어려운 일이다. 그러므로 말을 할 때는 내가 진정으로 할 수 있는 일인지를 따져서 무겁게, 책임감 있게 하도록 해야겠다.

다른 이를 사랑한다는 것

樊遲 問仁 子曰 愛人 問知 子曰 知人
번지 문인(한대) 자왈 애인(이니라) 문지(한대) 자왈 지인(이니라)
안연(顏淵)

하루는 공자의 제자인 번지가 공자께 인(仁)이 무엇이냐고 물었다. 공자께서는 '남을 사랑하는 것' 이라고 말씀하였다. 그 말을 들은 번지가 그러면 지(知)는 무엇이냐고 물었다. 그 말에 공자께서는 '남을 아는 것' 이라고 말씀하셨다.

그러나 번지는 그 말의 의미를 제대로 이해하지 못 하였다. 그러자 공자께서는 '곧은 사람을 등용해서 굽은 사람 위에 놓으면 굽은 사람을 곧은 사람으로 만들 수 있다' 고 하였다.

이 말은 순임금이 천하를 다스릴 때 고요를 등용하자 어질지 못한 사람들이 사라졌으며, 탕임금이 천하를 다스릴 때 이윤을 등용하자 어질지 못한 사람들이 멀리 사라진 것을 일컬어 말씀하신 것이다.

즉 어질지 못한 사람도 어린 사람 곁에 있으면 시나브로 어짊을 본받게 된다는 말씀을 하고 계신 것이다. 다른 사람이 어질지 못할 경우 그것을 알아보는 것이 인이요, 다른 사람이 어질지 못할 경우 애정으로 그 사람을 대해 어질도록 만드는 것이 인이라는 의미를 담고 있다.

누구에게도 양보할 수 없는 일

子曰 當仁 不讓於師
자왈 당인(하야) 불양어사(니라)
위령공(衛靈公)

우리는 종종 선택의 상황에 놓이게 된다. 옳다고 생각하는 일과 이로운 일 사이의 고민이다. 옳다고 생각하는 신념은 있으나 이것이 과연 내게 이로울지를 고민하게 된다.

또 다른 선택의 상황도 있다. 나는 분명 옳다고 생각하는 일이지만, 다른 사람이 옳다고 생각하지 않을 때는 어떤 결론을 내려야 할지 결론을 내리기가 쉽지 않다. 더구나 나와 다른 의견을 내놓는 사람이 나의 상사라던가, 부모님이라던가 할 때는 생각의 미로 속에서 헤어나오기가 어렵다.

그럴 때 많은 이들은 타협점을 찾는다. '내 생각이 잘못된 것일 수도 있어', '어른의 생각이니까 맞겠지' 라며 타협이 정당한 것임을 인식하기 위해 노력한다. 그러나 아무리 스스로에게 정당성을 입증한다고 해도 속으로는 알고 있다. 그것이 옳지 않은 것임을, 결국 이로운 방향으로 타협한 것임을 말이다.

이처럼 선택의 기로에 놓여 있을 때 들려주면 좋은 글귀가 당인(當仁)하야 불양어사(不讓於師)니라이다. 이 말을 풀이하면 인(仁)을 행함에 있어서는 스승에게도 양보하지 않는다이다.

인을 행함에 있어서는 자신이 믿고 따르는 스승의 의견에도 양보하지 말아야 한다는 말은 공자께서 인을 얼마나 무겁게 두셨는지를 알게 한다.

듣기 좋게 말하고, 보기 좋은 표정만 보이는 사람

子曰 巧言令色 鮮矣仁
자왈 교언령색(이) 선의인(이라)
양화(陽貨)

현대를 일컬어 이미지시대라고 말한다. 겉으로 보이는 모습이 내면의 모습을 대변한다고 생각하는 것이다. 그래서 디자인에 대한 관심은 나날이 극대화되고, 사람 역시 인상을 좋게 만들기 위한 이미지 메이킹에 한창이다.

그러나 곰곰이 생각해보면 이 말이 얼마나 허울 좋은 말인지를 알 수 있다. '열 길 물속은 알아도 한 길 사람 속은 모른다'는 말이 있지 않던가, 몇 년을 본 사람의 마음도 짐작할 수 없는데 옷차림, 표정, 말투 등으로 그 사람의 성격이나 지향점, 능력 등을 꿰뚫어 볼 수 있다는 건 어불성설이다.

그런데 안타깝게도 많은 사람들이 이미지 메이킹으로 단련된 세련된 화술, 자신감 있는 태도에 끌리는 것이 사실이다. 이왕이면 분홍치마의 룰을 따르고 있는 것이다.

공자께서는 이런 생각에 대해 분명히 경계할 것을 강조하셨다.

자왈(子曰) 교언령색(巧言令色)이 선의인(鮮矣仁)이라는 듣기 좋게 말하고 보기 좋은 표정만 보이는 사람은 인심이나 인덕이 없다는 걸 강조하시는 말씀이다.

누군가의 마음에 들게 말하는 것은 쉬운 일이다. 그러나 그 말이 나를 흥하게 하는 말인지, 망하게 하는 말인지는 곰곰이 새겨 들어야 한다.

아름답게 사는 방법

子曰 里仁 爲美 擇不處仁 焉得知
자왈 이인(이) 위미(하니) 택불처인(이면) 언득지(리오)
이인(里仁)

　이사할 곳을 알아볼 때면 신경 쓰이는 게 한두 가지가 아니다. 주거시설, 교육환경, 교통편, 편의시설 등 찬찬히 따져보아야 할 것도 많다. 그 가운데에서도 교육환경은 가장 세세하게 알아보는 관심사다. 아이들의 정서를 해치는 유해환경은 없는지, 학원 등의 교육시설의 인프라는 잘 조성되어 있는지는 이사를 결정짓는 마지막 순간까지 고민하게 되는 부분이다.

　그런데 재미있게도 공자께서도 어진 풍속이 있는 마을에 기거할 것을 강조하셨다.

　바로 자왈(子曰) 이인(里仁)이 위미(爲美)하니 택불처인(擇不處仁)이면 언득지(焉得知)리오를 통해서였다. 이 구절을 풀이하면 '어진 풍속이 있는 마을에 사는 것이 아름답고 좋다. 그곳을 택하여 살지 않으면서 어찌 지혜롭다 하겠느냐?'

　주변 환경에 영향을 받지 않을 수 없기에 가능하면 어진 풍속이 있는 마을에서 살라고 하신 듯하다.

　어진 풍속이 있으면 자연스럽게 그 어짊을 본받을 수 있을 테니까. 공자의 말씀도 더해졌으니 앞으로 이사를 결정할 때는 더 깐깐하게 따져보는 것도 좋을 듯하다.

상황에 현명하게 대처하는 어짊

不仁者 不可以久處約 不可以長處樂
불인자(는) 불가이구처약(이며) 불가이장처락(이니라)
이인(里仁)

불의의 사고를 당한 상태에서 극적으로 구조되어 목숨을 건지는 사람들이 있다. 산사태나 태풍 등으로 물조차 공급되지 않는 상황에서 견뎌내 구사일생으로 생존한 사람들에게는 한 가지 공통점이 있다. 위급한 상황에서도 반드시 구조될 것이라는 믿음을 버리지 않는다는 점이다.

많은 사람들이 위급한 상황에 처하면 당황한 나머지 자포자기하는 것에 반해 구조에 성공한 이들은 끝까지 자신을 믿는 현명함으로 어려운 상황에 대처한 것이다.

공자께서는 논어에서 어질게 살아갈 것을 여러 차례 말씀하고 계시다.

불인자(不仁者)는 불가이구처약(不可以久處約)이며 불가이장처락(不可以長處樂)이니라 역시 어짊이 갖고 있는 장점에 대해 강조하고 계신 말씀이다.

뜻을 풀이하면 어질지 못한 사람은 어려움에 빠졌을 때 오래 참지 못하고, 안락한 환경에도 오래 빠지지 못한다는 뜻을 담고 있다.

혹시 상황이 어렵다고 자포자기한다면 이는 자신이 어질지 못한 사람이라는 걸 인정하는 셈이다. 상황이 어려울지라도 현명하게 상황에 대처하는 사람이 진정으로 어진 사람이다.

어진 사람과 지혜로운 사람

仁者安仁 知者利仁
인자(는)안인(하고) 지자(는)이인(이니라)
이인(里仁)

얼마 전에 텔레비전 프로그램에 여든이 넘은 노부부가 나왔다. 노부부는 자식들에게 부담을 주기 싫다면서 고향집에서 두 사람이 오붓이 생활하고 있었다. 저녁식사를 마친 후 할머니가 할아버지에게 묻는다. '올 겨울은 아주 춥다네요. 추운 겨울을 어떻게 지내야 할까요?' 그 말을 들으신 할아버지께서 빙그레 웃으며 대답하셨다. '방 따뜻하게 하고 옷 단단히 입으면 되지'.

그 말을 듣는 순간 절로 고개가 숙여졌다. 세상의 이치라는 건 저렇듯 당연한 것인데, 괜히 이것저것 재고 어렵게 생각해 오히려 문제가 발생되고 있다는 생각 때문이었다. 순간 공자께서 말씀하신 안인(安仁)이 하늘에 이치 그대로 살아감을 의미하고 있다는 깨달음을 얻을 수 있었다.

공자께서 말씀하신 인자(仁者)는 안인(安仁)하고 지자(知者)는 이인(利仁)이니라를 풀이하면 '어진 사람은 하늘의 이치에 맞는 인을 행하고 지혜로운 사람은 인을 이용한다' 는 의미를 담고 있다.

즉 어진 사람은 순리가 자연스럽게 체득된 것처럼 순리대로 살아가고, 지혜로운 사람은 인을 행하면 자신에게 이득이 된다는 것을 알기에 하늘의 이치를 따르려고 노력한다는 의미이다.

어진 사람만이 사람을 사랑할 줄 안다

子曰 唯仁者 能好人 能惡人
자왈 유인자(이) 능호인(하며) 능오인(이니라)
이인(里仁)

해마다 승진 시즌이 되면 곳곳에서 기쁨의 환호와 아쉬움의 탄성소리가 들려온다. 어떤 이는 승진 발령에 기뻐하지만, 어떤 이는 몇 년째 만년과장이라며 한숨을 쉰다. 직장인들에게 승진은 상당히 민감한 문제이기에 뒷말도 무성하다. 어떤 부장이 아부를 10년째 하더니 결국 전무 승진을 했다는 소리도 들려오고, 어떤 과장은 미운털이 박혀서 부장 승진이 막혀 있다는 소리도 들려온다.

그렇다면 왜 뒷말이 무성한 걸까? 그만큼 공정한 잣대로 사람을 평가하는 것이 어렵기 때문이다. 잘 한 일에는 칭찬을 해주고, 잘 못한 일에는 엄하게 질책을 하는 것이 마땅하지만, 나와 친하다는 이유로 혹은 예전에 같은 부서였다는 이유로 공정한 평가를 하지 않은 경우도 비일비재하다.

공자께서 말씀하신 자왈(子曰) 유인자(唯仁者)이 능호인(能好人)하며 능오인(能惡人)이니라 역시 공정함의 중요성에 대해 언급하신 말이다. 뜻을 풀이하면 어진 사람만이 사람을 사랑할 줄 알고 미워할 줄도 안다는 의미를 품고 있다.

반대로 어질지 못한 사람은 사람을 사랑할 줄도, 미워할 줄도 모른다. 어질지 못 하면 사심으로 사람을 대하기에 좋아할 수도, 미워할 수도 없기 때문이다.

허물 속에 인품이 담겨 있다

子曰 人之過也 各於其黨 觀過 斯知仁矣
자왈 인지과야(는) 각기어당(이니) 관과(에) 사지인의(니라)
이인(里仁)

자왈(子曰) 인지과야(人之過也)는 각기어당(各於其黨)이니 관과(觀過)에 사지인의(斯知仁矣)니라는 깊이 명심해야 할 구절이다. 이 말을 풀이하면 사람의 잘못에는 저마다의 유형이 있다. 그 잘못만 보고도 그 사람이 갖고 있는 인의 정도를 알 수 있다라는 말이다.

사람은 누구나 잘못을 저지른다. 그런데 한 가지 명심해야 할 점은 사람의 됨됨이에 따라 잘못의 종류가 달라진다는 점이다.

시간 약속을 어기는 사람과 주변 정리를 제대로 하지 않는 사람의 경우를 생각해보자. 시간 약속은 누군가와의 정해진 약속이다. 시간 약속을 어길 경우 다른 사람에게 피해를 끼칠 수 있다. 그러므로 많은 사람들이 시간 약속을 어기지 않기 위해 노력하고 있다. 반복적으로 시간 약속을 어기는 사람이라면 그 사람은 다른 사람에 대한 배려와 존중이 부족한 사람이다. 그에 반해 주변을 제대로 정리하지 않는다는 건 자신이 머무는 공간에 한정된 부분이다. 가까운 사람에게는 지저분한 환경이 눈에 거슬리겠지만, 누군가에게 심각한 피해를 주는 일은 아니라는 말이다.

누구에게나 허물은 있다. 중요한 건 허물을 되돌아보고 고치려는 노력이다. 가볍게 넘기는 허물 속에도 인품이 담겨 있다는 사실을 기억해야겠다.

마음을 잘 단속하면

子曰 以約失之者 鮮矣
자왈 이약실지자(이) 선의(나라)
이인(里仁)

세상에서 가장 어려운 일이 아기 돌보는 것과 자신의 마음을 단속하는 일이라고 한다.

열 길 물속은 알아도 한 길 사람 속은 모른다는 말은 자신의 마음에도 포함된다. 내 마음이 어떤 갈래로 흘러갈지는 스스로도 가늠이 안 되기 때문이리라.

그래서였을까? 자라면서 귀가 따갑게 들은 말이 일기를 쓰라는 말이었다. 매일매일 써야 하는 까닭에 검사를 받기 전날 벼락치기로 끝마친 것이 고작이지만, 하루 일과를 정리하고 마음을 들여다본다는 점에서 일기만큼 마음 단속에 용이한 것도 없을 듯하다.

마음을 단속하는 것이 중요함을 알려주는 구절이 자왈(子曰) 이약실지자(以約失之者)이 선의(鮮矣)나라이다. 이 말을 풀이하면 자신의 마음을 단속하는 사람은 실수를 하지 않는다는 의미를 담고 있다.

임진왜란 당시의 어지러운 상황 속에서 난중일기를 통해 마음을 단속한 이순신 장군의 경우를 떠올려보면 공자의 말씀에 고개가 끄덕거려진다.

난중일기에는 전쟁의 소용돌이 속에서 전투를 이끄는 장수의 고뇌가 담겨 있다. 더불어 모함과 박해에 힘겨워하는 이순신 장군의 마음도 절절하게 실려 있다. 결국 이순신 장군께서는 전쟁의 와중에 겪는 어려움을 일기를 쓰면서 마음을 단속한 것이다.

289

인에 뜻을 두면 악할 일이 없다

子曰 苟志於仁矣 無惡也
자왈 구지어인의(면) 무악야(이니라)
이인(里仁)

공자께서는 논어에서 인(仁)에 관한 말씀을 많이 하셨다. 그러나 정확하게 인이 무엇인지에 대해서는 말씀하지 않았다. 다만 제자들과 논어를 읽는 사람들이 인의 의미에 대해 짐작하고 있을 뿐이다.

인을 한자의 어원으로 풀어보면 인은 이(二)와 인(人)이 결합된 글자로 사람 사이에 지켜야 할 덕목이다. 논어에서 공자가 말씀하시는 인은 그 의미를 조금 더 구체화시키고 있다. 공자가 말하는 인에는 공손함, 관대함, 성실함, 자애로움, 지혜로움, 용기, 충성, 효성, 공경함 등이 포함되어 있다. 쉽게 생각해 사람들과의 관계에서 예를 다하고, 효를 다하고, 상대방을 공경하는 실천적 의미로 보면 된다.

공자께서 말씀하신 구지어인의(苟志於仁矣)면 무악야(無惡也)이니라는 인에 관한 공자의 생각이 잘 담겨 있는 구절이다. 이 구절을 풀이하면 인에 뜻을 두면 악할 일이 없다는 말이다.

사람과의 관계에서 예를 다하고, 효를 다하고, 상대방을 공경하면 세상에 악할 일이 생길래야 생길 수가 없을 것이다.

공자께서 말씀하신 인을 다 실천하지 못하더라도 다른 사람에게 예의만 지키면서 살아도 세상에 악할 일이 없지 않을까?

어려움을 앞서 감당하고 보답은 나중에

仁者 先難而後獲 可謂仁矣
인자(이) 선난이후획(이면) 가위인의(니라)
옹야(雍也)

중국 상하이에서 중국인을 대상으로 야채장사를 하던 청년 윤봉길이 대한민국 임시정부의 국무령인 김구 선생을 찾아간 것은 1931년 겨울이었다. 그는 바로 그 자리에서 자신이 독립운동에 몸 바칠 각오가 돼있음을 호소하였다고 한다. 그 후 김구 선생은 1932년 4월 29일 상하이의 홍커우 공원에서 열리는 일본 일왕의 생일연 행사에서 폭탄을 투척할 계획을 세웠다. 폭탄을 투척할 인물은 얼마 전 김구 선생을 찾아온 윤봉길 의사였다.

폭탄은 도시락과 물통 모양으로 제작하였다. 행사에 점심이 제공되지 않아 도시락을 준비하라고 하였기 때문에 도시락의 반입이 가능했다. 그리고 내외귀빈이 착석을 마친 후 윤봉길 의사는 단상을 향해 도시락 폭탄을 던졌다. 폭탄 투척과 동시에 윤봉길 의사는 체포되었다. 사형이 선고되었으나 윤봉길 의사는 1932년 12월 18일 총에 맞아 숨졌다.

인자(仁者)이 선난이후획(先難而後獲)이면 가위인의(可謂仁矣)니라는 윤봉길 의사의 도시락 폭탄 투척에 딱 걸맞는 예다. 이 구절을 풀이하면 인(仁)은 어려운 일을 남보다 앞서서 감당하고 보답은 남보다 뒤에 얻어야 한다. 그래야 비로소 인이라 할 수 있다는 뜻을 담고 있다.

나라의 독립과 상관없이 살 수도 있었으나 나라의 독립을 위해 죽음의 길을 기꺼이 간 윤봉길 의사의 행동은 인의 행동이었다.

오십에 다시 읽는 논어

2022년 1월 15일 제1판 1쇄 발행
2022년 3월 15일 제1판 2쇄 발행

편저자 / 이이영
펴낸이 / 강선희
펴낸곳 / 가림출판사

등록 / 1992. 10. 6. 제 4-191호
주소 / 서울시 광진구 영화사로 83-1 영진빌딩 5층
대표전화 / 02)458-6451 팩스 / 02)458-6450
홈페이지 / www.galim.co.kr
이메일 / galim@galim.co.kr

값 16,000원

ⓒ 이이영, 2021

ISBN 978-89-7895-431-0-03100

이 책은 《마흔, 마음샘에서 찾은 논어》를 제목 변경한 도서입니다.